BIBLIOGRAPHISCHER DIENST
STAAT UND RECHT

Herausgeber:
DEUTSCHES INSTITUT FÜR RECHTSWISSENSCHAFT
Potsdam-Babelsberg

Jahrgang 4/1958 — Heft 5
September/Oktober

AKADEMIE-VERLAG · BERLIN

Inhaltsverzeichnis:

Auslieferungen:

Für das Gebiet der Deutschen Demokratischen Republik: LKG-Leipziger Kommissions- und Großbuchhandel, Leipzig C 1, Leninstraße 16

Für das Gebiet der Deutschen Bundesrepublik: KUNST UND WISSEN, Inh. Erich Bieber, Stuttgart N, Hospitalstraße 33a

Für das gesamte Ausland: Deutsche Buch-Export und -Import GmbH., Leipzig C 1, Postschließfach 276, oder Akademie-Verlag GmbH., Berlin W 8, Mohrenstraße 39

Bestellungen sind zu richten an eine Buchhandlung oder an die Post

---

Herausgeber und verantwortlich für den Inhalt: Der Direktor des Deutschen Instituts für Rechtswissenschaft. Redaktion: Helmut Luft und Klaus Jäger, Potsdam-Babelsberg, Karl-Marx-Straße 2. Verlag: Akademie-Verlag GmbH., Berlin W 8, Mohrenstraße 39, Fernruf: 200386, Postscheckkonto: 35021. Bestell- und Verlags-Nr. dieses Heftes: 1049/4/5. Die Zeitschrift erscheint zweimonatlich. Bezugspreis für den Jahrgang einschließlich Register: DM 22,20; Einzelheft: DM 3,70. Veröffentlicht unter der generellen Druckgenehmigungs-Nr.: Ag 715/58 DDR. Gesamtherstellung VEB Druckerei „Thomas Müntzer" Bad Langensalza.

A. BIBLIOGRAPHIE AUS ZEITSCHRIFTEN DER DEUTSCHEN DEMOKRATISCHEN REPUBLIK, DER SOWJETUNION UND DEN LÄNDERN DER VOLKSDEMOKRATIE

a) Deutschsprachige Zeitschriften

Ahdl.	= Der Außenhandel, Berlin	1958,H.11-14
Altertum	= Das Altertum, Berlin	1958,Bd 4,H.2
Arb.	= Die Arbeit, Berlin	1958,H.7
ArbR.	= Arbeitsrecht, Zeitschrift für Theorie und Praxis, Berlin	1958,H.6-7
Aufb.	= Aufbau (Kulturpolitische Monatsschrift), Berlin	1958,H.5-6
A.u.S.	= Arbeit und Sozialfürsorge, Berlin ...	1958,H.11-15
Ber.Dt.Wirtsch.Inst.	= Berichte des Deutschen Wirtschaftsinstituts, Berlin	1958,H.6,11-12
ddz	= Dokumentation der Zeit, Berlin	1958,H.168-170
Dem.Aufb.	= Demokratischer Aufbau, Berlin	1958,H.12-14
Dem.u.R.	= Demokratie und Recht, Berlin	1958,H.3
DFW	= Deutsche Finanzwirtschaft, Berlin ...	1958,H.11-15
Dt.Auss.pol.	= Deutsche Außenpolitik, Berlin	1958,H.6-7
Dt.Zs.Philos.	= Deutsche Zeitschrift für Philosophie, Berlin	1958,H.2-3
Einh.	= Einheit, Berlin	1958,H.5-7
EuV	= Erfindungs- und Vorschlagswesen, Berlin	1958,H.6-8
Forum,Wiss.Beil.	= Wissenschaftliche Beilage des Forum, Berlin	1958,H.26-32
Hdl.	= Der Handel, Berlin	1958,H.6-7
Hswesen	= Das Hochschulwesen, Berlin	1958,H.5-6
Jug.Heimerz.	= Zeitschrift für Jugendhilfe und Heimerziehung, Berlin	1958,H.6
Militärwesen	= Militärwesen, Zeitschrift für Militärpolitik und Militärtheorie, Berlin ..	1958,H.3-4
Nat.	= Die Nation, Zeitschrift für Theorie u. Praxis Nationaler Politik, Berlin ...	1958,H.5-7 Sonderheft
NJ	= Neue Justiz, Berlin	1958,H.12-14
N.Weg	= Neuer Weg, Berlin	1958,H.11-14
N.Zeit	= Neue Zeit, Moskau	1958,H.23-30
RID	= Rechtswissenschaftlicher Informationsdienst, Berlin	1958,H.12-15
Schöffe	= Der Schöffe, Berlin	1958,H.6-7

Schr.Dt.Vpol.	= Schriftenreihe der Deutschen Volkspolizei, Berlin	1958,H.22-24
Sov.Wiss.(GB)	= Sowjetwissenschaft,Gesellschaftswiss. Beiträge, Berlin	1958,H.6-7
Soz.Vers.	= Die Sozialversicherung, Berlin	1958,H.6-7
Stadt u.Gem.	= Stadt und Gemeinde, Berlin	1958,H.6-7
Stat.Prax.	= Statistische Praxis, Berlin	1958,H.6-7
St R	= Staat und Recht, Berlin	1958,H.5-6
Vertr.Syst.	= Vertragssystem, Berlin	1958,H.5-6
Vpol.	= Die Volkspolizei, Berlin	1958,H.11-14
Weltb.	= Die Weltbühne, Berlin	1958,H.24-31
WGBew.	= Die Weltgewerkschaftsbewegung, Berlin	1958,H.6-7
Wirtsch.Wiss.	= Wirtschaftswissenschaft, Berlin	1958,H.3 5.Sonderheft
Wiss.Ann.	= Wissenschaftliche Annalen, Berlin	1957,H.12
WZ Greifswald	= Wissenschaftliche Zeitschrift der Ernst-Moritz-Arndt-Universität,Greifswald .	1957/58,H.1-2
WZ Leipzig,Binnenhdl.	= Wissenschaftl.Zeitschrift d.Hochschule f.Binnenhandel, Leipzig	1957/58,H.1
WZTH Dresden	= Wissenschaftl.Zeitschrift d.Techn. Hochschule, Dresden	1957/58,H.3
Zs.Gesch.Wiss.	= Zeitschrift f.Geschichtswissenschaft, Berlin	1958,H.2

b) <u>Fremdsprachige Zeitschriften</u>

J.K.	= Jogtudományi közlöny (Rechtswissenschaftliche Mitteilungen), Budapest .	1958,H.5
J.N.	= Justitia Nouă (Neue Justiz),Bukarest	1958,H.3
	Kommunist, Moskau	1958,H.8-10
Mag.Jog	= Magyar Jog (Ungarisches Recht), Budapest	1958,H.1-5
	Nová mysl (Neuer Geist), Prag	1958,H.6-7
	Nowe Drogi (Neue Wege), Warschau	1958,H.6-7
	Nowe Prawo (Neues Recht), Warschau ..	1958,H.5-6
	Palestra (Organ des Obersten Anwaltschaftsrates), Warschau	1958,H.5-6
P.i P.	= Państwo i Prawo (Staat und Recht), Warschau	1958,H.5-6
Pr.	= Právnik (Der Jurist), Prag	1958,H.5-6
Pr.stúdie	= Právnické stúdie (Juristische Studien), Bratislava	1958,H.2
Przegl.zach.	= Przeglad Zachodni (Westliche Rundschau), Poznan	1958,H.2
Soc.pravo	= Sozialisticesko pravo (Sozialistisches Recht), Sofia	1958,H.3,5

Soc.zák. = Socialistická zákonnost (Die sozialistische Gesetzlichkeit), Prag 1958,H.4-5

Soc.zak.(SSSR) = Socialističeskaja zakonnost (Sozialistische Gesetzlichkeit), Moskau 1958,H.4-6

Soudce z lidu (Der Volksrichter), Prag .. 1958,H.4-6

Sov.gos.pravo = Sovetskoe gosudarstvo i pravo (Sowjetstaat und Sowjetrecht), Moskau 1958,H.4-7

Vopr.ekon. = Voprosy ekonomiki (Fragen der Ökonomie), Moskau 1958,H.4-6

Vopr.fil. = Voprosy filosofii (Fragen der Philosophie), Moskau 1958,H.5-6

Vopr.ist. = Voprosy istorii (Fragen der Geschichte), Moskau 1958,H.5-6

1) Die hier aufgeführten Hefte sind gemäß der Benutzungsordnung der Bibliothek des Deutschen Instituts für Rechtswissenschaft bedingt ausleihfähig.

1.Marxismus-Leninismus [1]

Arab-Ogly,E.A.: Die Soziologie und die Kybernetik.(Vopr.fil.,1958, H.5, S.138-150)

Walter Ulbricht auf dem V.Parteitag der SED über die sozialistische Bewußtseinsbildung.(Forum,Wiss.Beil.,1958, H.30, S.1-6)

Zu den Ergebnissen des VII.Parteitages des Bundes der Kommunisten Jugoslawiens. (Einh.,1958,H.5, S.592-626)

Butenko, A.P.: "Der Nationalkommunismus" - eine ideologische Waffe der Bourgeoisie. (Vopr.fil.,1958, H.6, S.3-16)

Czjan-Čun-fan (Zsjan-Tschun-fan): Aus der Geschichte der Verbreitung des Marxismus in China. (Vopr.ist.,1958,H.5, S.43-64)

Dillmann,W.: Das Problem der Perspektive und die Erziehung zu sozialistischem Bewußtsein.(Nat.,1958,H.7, S.461-475)

Fabiunke, G.: Philosophische Grundlagen des Volkskapitalismus. (Arb.,1958,H.7, S.28-31)

Glezerman,G.E.: Zum Begriff "gesellschaftliches Sein".(Vopr.fil., 1958,H.5, S.117-126)

Gopalan,A.K.: Ein wichtiges Ereignis im Leben der KP Indiens (zum ausserordentlichen Parteitag der KP Indiens).(Nová mysl,1958, H.7, S.672-678)

Gropp,R.O.: Der dialektische Materialismus.(T.3 u.4)(Hswesen,1958, H.5, S.239-243; H.6, S.288-294)

Jan Chin-schun: Über den ideologischen Kampf in der Volksrepublik China.(Vopr.fil.,1958,H.6, S.17-28)

1) Die nach der Fundstelle eines Artikels angegebenen Zahlen verweisen auf die Bedeutung dieses Artikels auch für andere Fachgebiete entsprechend der hier zugrundegelegten Systematik.

Kandel',E.P.: Die Entstellung der Geschichte des Kampfes von Marx und Engels in den Abhandlungen einiger Rechtssozialisten. (Vopr.ist.,1958, H.5, S.120-130)

Klein, M.: Karl Marx als Humanist, Denker und Revolutionär. (Dt.Zs.Philos.,1958, H.2, S.175-198)

Klotz,H.: Über den Gegenstand der marxistischen Philosophie. (Dt.Zs.Philos.,1958, H.2, S.225-252)

Köppen,G.: Die revisionistischen SPD-Politiker und der Bonner NATO-Staat. (Dem.Aufb.,1958, H.13/14, S.312-315)

Lager, F.: Die Ideologie und Politik der schwedischen Sozialdemokratie. (Vopr.ist.,1958, H.6, S.59-67)

Mende,G.: Karl Marx - Schöpfer der kommunistischen Weltanschauung. (Dt.Zs.Philos.,1958, H.3, S.337-354)

Unser Mittelstand baut mit am Sozialismus! Der Sozialismus in der Deutschen Demokratischen Republik ist das Fundament des Friedens in ganz Deutschland! (Ref.d.Vors.d.NDPD auf d.VII.Parteitag). (Nat.,1958, Sonderheft, S.24-63) 6,7,9

Naumann, R.: Über die Ausarbeitung der Lehre vom Imperialismus durch Lenin. (Zs.Gesch.Wiss.,1958, H.2, S.231-254) 3

Über den ökonomischen Wettbewerb zwischen der Sowjetunion und den Vereinigten Staaten von Amerika. (Kommunist, 1958,H.9, S.27-42)

Oisermann, T.I.: W.I.Lenin über die Dialektik Hegels.(Dt.Zs.Philos., 1958,H.2, S.273-286)

Pomelov,I.: Haltlose Versuche der Verteidigung des Revisionismus. (Kommunist, 1958, H.9, S.116-129)

Ponomarev,B.: Grundlegende Fragen des Kampfes gegen den Revisionismus in der gegenwärtigen Etappe. (Kommunist,1958, H.8, S.115-131)

Prusa,O.;V.Sverák;J.Vejvoda: Der Revisionismus im neuen Programm des Bundes der Kommunisten Jugoslawiens. (Nová mýsl,1958,H.6, S.489-506)

Quandt, B.: Die schwedische Praxis des "demokratischen Sozialismus". (Einh.,1958, H.7, S.1053-1065)

Revisionistische Auffassungen vom staatsmonopolistischen Kapitalismus. (Betr.Jugoslawien) (Arb.,1958, H.7, S.25-27)

Rubinstein,A.: Was steckt hinter den reformistischen "Theorien"von der zweiten industriellen Revolution? (Sov.Wiss.(GB),1958,H.6, S.684-700)

Šejnman, M.M.(Schejnman,M.M.): Die Soziologie des Vatikans. (Sov.Wiss.(GB), 1958,H.7, S.889-910)

Semenov,V.(Semjonow,W.): Unwissenschaftliche Theorien über die Klassen und den Klassenkampf in der modernen bürgerlichen Soziologie. (Sov.Wiss.(GB),1958,H.7, S.867-888)

Seršenko,L.A.;Kas'janova,E.V.(Scherschenko,L.A.;E.W.Kassjanowa.): Der Kampf um den dialektischen Materialismus in den USA. (Vopr.fil.,1958,H.5, S.174-176)

Severin,P.;A.Snejlárek: Die ideologische Kriegsvorbereitung. (Nova mysl,1958, H.7, S.622-637)

Sobolev,A.: Über die Widersprüche in der sozialistischen Gesellschaft und die Wege zu ihrer Überwindung. (Sov.Wiss.(GB),1958,H.7, S.827-851)

Die gegenwärtigen Aufgaben der deutschen Arbeiterklasse und der Entwurf des Grundsatzprogramms der SPD. (Einh.,1958,H.6, S.799-820)

Tlustá,M.: Der Existentialismus, sein philosophisches Wesen und seine Funktion. (Nová mysl, 1958, H.7, S.638-653)

Tschen Bo-da: Der jugoslawische Revisionismus - ein Produkt der Politik des Imperialismus. (Kommunist, 1958,H.8, S.132-139)

Tugarinov,V.P.: Die Kategorien "Gesellschaftliches Sein" und "Gesellschaftliches Bewußtsein". (Sov.Wiss.(GB), 1958, H.6, S.649-663)

Turok,V.M.: Eine Lossage vom wissenschaftlichen Sozialismus. (Betr. SP Österreich).(Vopr.fil.,1958, H.6, S.100-107)

Verbin,A.I.;V.Z.Kelle;M.J.Koval'zon(Kowalson,M.J.): Der historische Materialismus und die Soziologie. (Vopr.fil.,1958, H.5, S.151-155)

Vygodskij,S.(Wigodskij,S.): Die ökonomische Lehre von Marx und ihre Kritiker der Gegenwart. (Vopr.eko., 1958,H.5, S.20-32)

Winter,K.: Dietfried Müller-Hegemann, Zur Psychologie des deutschen Faschisten. Rudolstadt 1955 (Rez.)(Dt.Zs.Philos.,1958, H.3,S.465-473)

Živkov,T.(Shiwkow,T.): Rechenschaftsbericht des ZK der Bulgarischen Kommunistischen Partei an den VII.Parteitag.(Kommunist,1958, H.8, S.37-114)

2.Rechtswissenschaft (Aufgaben und Methoden)

Čchikvadze,V.(Tschchikwadse,W.): Wichtige Fragen der sowjetischen Rechtswissenschaft. (Sov.jus.,1958,H.3, S.11-16; deutsch: RID,1958, H.14/15, Sp.447-452)

Kröger,H.: Zu einigen Fragen der Entwicklung der marxistisch-leninistischen Rechtswissenschaft u.ihrer Aufgaben beim Aufbau des Sozialismus in der DDR. (Einh.,1958,H.5, S.639-654)

3.Staats-und Rechtstheorie

Čchikvadze,V.(Tschchikwadse,W.): Die Tätigkeit W.I.Lenins bei der Schaffung des Sowjetrechts und ihre Bedeutung für die neue Kodifizierung der sozialistischen Gesetzlichkeit. (Soc.zak.(SSSR),1958, H.4, S.7-12)

Čchikvadze,V.M.(Tschchikwadse,W.M.): Der Kampf W.I.Lenins gegen den Reformismus in Fragen des Staates. (Sov.gos.pravo,1958, H.4,S.11-22; deutsch: Sov.Wiss.(GB),1958, H.7, S.852-866)

Denisov,A.I.(Denissow,A.I.): Der Sieg der Marxschen Lehre von der sozialistischen Revolution und der Diktatur des Proletariats. (Sov.gos.pravo,1958,H.5, S.13-24; deutsch: RID, 1958,H.14/15,Sp.413-424)

Foustka,R.N.: Über die Arbeitsmethode in der allgemeinen Staats- und Rechtstheorie. (Pr., 1958,H.6, S.525-529)

Foustka,R.N.: Zum Begriff der Regeln des sozialistischen (bürgerlichen) Zusammenlebens". (Pr.študie, 1958, H.2, S.222-255)

Gak,G.M.: Die marxistisch-leninistische Theorie von der Revolution und die gegenwärtige historische Entwicklung. (Vopr.fil.,1958,H.5, S.3-14)

Gantman,V.I.: Eine neue Variante der reformistischen Theorie des bürgerlichen Staates. (Sov.gos.pravo, 1958,H.7, S.69-81)

Grajewska,I.: Die Pariser Kommune von 1871 als Volksvertretungsorgan. (P.i P.,1958, H.5/6, S.819-850) 7

Kschieschow,R.u.a.: Staats- und rechtstheoretische Probleme in der Festschrift für Erwin Jacobi. (St R, 1958,H.5/6, S.583-604)

Lakatoš,M.: Zum Artikel von V.Roleno "Zu einigen Fragen der sozialistischen Revolution". (Pr.,1958,H.6, S.530-533)

Naschitz,A.: Über die Entwicklung des sozialistischen Rechtsbewußtseins in der Rumänischen Volksrepublik. (Sov.gos.pravo,1958, H.5, S.37-46)

Opałek, K.: Die Kritik der allgemeinen Theorie des Staates und des Rechts. (P.i P.,1958,H.5/6, S.767-785)

Piontkovskij,A.A.: Zur Frage des wechselseitigen Verhältnisses des objektiven und subjektiven Rechts. (Sov.gos.pravo,1958,H.5,S.25-36)

Procházka,V.: Die Bedeutung des Februar 1948 für unseren Staat, unsere Wissenschaft und Wirtschaft. (Pr.,1958,H.6, S.459-469)

Pruša,O.: Die Verfassung vom 9.Mai unter dem Gesichtspunkt der wichtigsten Gesetzmäßigkeiten in der Entwicklung der sozialistischen Gesellschaft. (Pr.,1958, H.5, S.376-391)

Ptičnicina, K.A.(Ptitschnizina,K.A.): Über die wirtschaftlich-organisatorische und die kulturell-erzieherische Funktion des Sowjetstaates in der ersten Phase seiner Entwicklung. (Sov.gos.pravo,1958, H.6, S.58-69)

Recht und Gesetzlichkeit in der Deutschen Demokratischen Republik. (T.5 u 6).(Schöffe,1958, H.6,S.188-193; H.7, S.222-227)

Richter; Lämmerhirt: Staat und Wirtschaft in der Übergangsperiode vom Kapitalismus zum Sozialismus. (DFW, 1958,H.13, S.201-204 u.208)

Romaškin,P.(Romaschkin,P.): Über die Formen und Methoden der Unterordnung des Staatsapparates der kapitalistischen Länder unter die Monopole. (Kommunist,1958, H.9, S.130-140)

Šabad,B.A.(Schabad,B.A.): Der imperialistische Staat als Pseudovolksstaat. (Kommunist,1958, H.6, S.108-121; deutsch: RID,1958, H.14/15, Sp.433-447)

Šabad,B.A.(Schabad,B.A.): Einige charakteristische Züge der modernen bürgerlichen Staatslehren. (Sov.Wiss.(GB),1958,H.6, S.714-724)

Šargorodskij,M.D.(Schargorodskij,M.D.): Die Philosophie des Existenz-ialismus und die bürgerliche Rechtstheorie. (Sov.gos.pravo, 1958, H.6, S.122-132)

Schöneburg, K.H.: Politischer Katholizismus als Ideologie der imperialistischen Reaktion (Thesen). (Einh.,1958, H.6, S.855-876)

Strogovič,M.(Strogowitsch,M.): Die Hauptfragen der sozialistischen Gesetzlichkeit.(Soz.zak.(SSSR), 1958,H.5, S.7-13)

Vasiljev,L.(Wassiljew,L.): Zur Frage der äußeren Funktion des sozialistischen Staates.(Sov.gos.pravo, 1958, H.6,S.47-57)

Weichelt,W.: Über Mängeln das Vorwärtsweisende nicht vergessen! (Zur Festschrift: Staat u.Recht im Lichte des Großen Oktober... Berlin 1957. 497 S. Rez.)(St R,1958,H.5/6, S.522-534)

Zachariev,V.: Die gerichtliche Auslegung.(Pr.,1958, H.5,S.412-424)

Zamis,G.: Alatri,P., Zur Geschichte des Ursprungs des Fachismus. Rom 1956, 565 S.(Rez.)(Dt.Auss.pol.,1958, H.7, S.691-698)

4.Geschichte der Staats-und Rechtstheorie

Keine Eingänge

5.Staats-und Rechtsgeschichte

Fischer,E.: Für Parteilichkeit in der Lehre von der Geschichte des Staates und des Rechts. (St R,1958, H.5/6, S.567-570)

Fridman,J.A.: Solidaritätsbewegung des internationalen Proletariats für Sowjetrußland (1921-1922). (Sov.Wiss.(GB),1958, H.6, S.664-683)

Fritze,K.: Die Hansestädte und die Hussitenkriege. (WZ Greifswald,(1958, H.1/2, S.9-16)

Herber,R.: Der RFB - eine Schutz- und Wehrorganisation der deutschen Arbeiterklasse. (Militärwesen, 1957, H.4, S.42-51)

Ivanov,R.F.(Iwanow,R.F.): Der Kampf der Neger um den Boden im Süden der USA nach der Beendigung des Bürgerkrieges (1865-1870). Vopr.ist.,1958, H.6, S.68-85)

Moskalenko,G.K.: Der sowjetische Kollektivvertrag in der ersten Etappe seiner Entwicklung. (Sov.gos.pravo, 1958, H.4, S.120-125) 19

Ostapenko,I.O.;J.V.Voskresenskij(Wosskressensskij,J.W.): Aus der Geschichte der Produktionsberatungen in der Industrie der UdSSR (1926-1932). (Vopr.ist.,1958, H.6, S.22-40) 9

Radtke,M.: Charakteristik der schulpolitischen Entwicklung 1889-1919 in Deutschland. (WZ Greifswald,1958,H.1/2, S.39-57)

Tichomirov,M.N.: Die Ständevertretungen (Semskije Sobory) in Rußland im 16.Jahrhundert. (Vopr.ist.,1958, H.5, S.3-22)

Vietor,M.: Die Stellung der ungarischen Komitate in den Jahren 1860-1867) (Pr.štúdie,1958, H.2, S.197-221)

Wünsche, H.: Der deutsche Militarismus im zweiten Weltkrieg und das Völkerrecht. (Militärwesen, 1957,H.4, S.26-41) 6

6.Völkerrecht und Außenpolitik

Arzinger,R.: Völkerrechtlicher Status der Ostsee und NATO-Strategie. (Dt.Auss.pol.,1958, H.6, S.550-558)

Blinow,W.: Die Aggression in Indonesien. (N.Zeit,1958,H.25,S.5-7)

Burkhardt, H.: Schweden und die Atomfrage. (Dt.Auss.pol.,1958,H.7, S.667-672)

Domdey,H.: Zum britischen Projekt der Freihandelszone.(Ahdl.,1958, H.12, S.450-452)

Florin,P.: Die internationale Stellung der Deutschen Demokratischen Republik und ihre Außenpolitik. (Einh.,1958,H.7, S.925-942)

Freudenreich,K.: Afrika in den Kriegsplänen der NATO.(Militärwesen, 1958,H.3, S.400-411)

Einhervorragender Beitrag für die Sache des Friedens.(Betr.Friedensmanifest). (Sov.gos.pravo,1958, H.2,S.3-10; deutsch: RID,1958,H.14/15, Sp.424-433)

Galina,A.: Zur Frage des interplanetaren Rechts. (Sov.gos.pravo,1958, H.7, S.52-58)

Grossmann,A.: Die Beziehungen der DDR zu den skandinavischen Staaten. (Dt.Auss.pol.,1958,H.6, S.539-549)

Grotewohl,O.: Der Warschauer Pakt - ein Garant des Friedens. (Militärwesen, 1958,H.3, S.303-314)

Henke,G.;L.Rouscik: Eine neue Etappe der wirtschaftlichen Zusammenarbeit im sozialistischen Lager.(Betr.Rat für gegenseit.Wirtschaftshilfe).(Einh.,1958,H.6, S.821-836)

Hoffmann,W.;L.Rüster: Erläuterungen zu den "Allgemeinen Bedingungen des RGW 1958". (T.4 u.5). (Ahdl.,1958,H.11, S.416-418;H.13,S.481-482)

Jablotschkow,L.: Afrikaner wollen wahre Selbstbestimmung.(Betr. Föderation von Rhodesien u.Njassaland).(N.Zeit,1958,H.23,S.9-11)

Kegel,G.: Die Eisenhower-Doktrin bedroht den Frieden im Nahen und Mittleren Osten. (Militärwesen,1957,H.4, S.9-25)

Levin,D.B.: Das Problem der Sicherung des Friedens und die Hauptprinzipien des Völkerrechts. (Sov.gos.pravo,1958,H.6, S.31-39)

Für die Einstellung der anglo-amerikanischen Aggression und die Verteidigung der Sache des Friedens.(Betr.Mittleren Osten). (Kommunist,1958,H.10, S.3-7)

Die Ostsee muß ein Meer des Friedens sein. Westdeutschland - Aggressionsherd maritimer NATO-Politik. Zur Politik der nordischen Ostsee-Staaten. Zur Ostsee-Politik der sozialistischen Anliegerstaaten. (ddz, 1958, H.168, S.19-39)

Die Ostsee - ein Meer des Friedens.(Dt.Auss.pol.,1958,H.6, S.531-538)

Ramstetter, H.: Eine neue antiimperialistische Front in Nah- und Mittel-Ost -"die Vereinigten Arabischen Staaten".(Dem.u.R.,1958,H.3, S.74-80)

Der Rapacki-Plan - ein weltweiter diplomatischer Akt.(Przegl.zach., 1958, H.2, S.378-380)

Die Tschechoslowakei und der Rapacki-Plan. Die Deutsche Demokratische Republik und der Rapacki-Plan. Die Deutsche Bundes-Republik und der Rapacki-Plan. Militärische Argumente zum Rapacki-Plan. (Przegl.zach.,1958,H.2, S.386-388)

Reinhold,H.: Die Große Sozialistische Oktoberrevolution und das Problem der friedlichen Koexistenz. (Dt.Zs.Philos.,1958, H.2, S.199-224)

Reintanz,G.: Die Deutsche Demokratische Republik - ein Subjekt des Völkerrechts. (Sov.gos.pravo,1958, H.6, S.40-46)

Rudolph,M.: Für gleichberechtigte Mitarbeit der DDR in internationalen Organisationen. (Dt.Auss.pol.,1958, H.6, S.594-599)

Schön,H.: Die Genfer Seerechtskonferenz und ihre Ergebnisse. (Dt.Auss.pol.,1958, H.7, S.682-690)

Schütze,J.: Zu einigen aktuellen Problemen der Politik der friedlichen Koexistenz. (Nat.,1958, H.7, S.440-460)

Slavik,Z.F.: Die Frage der Vorbehalte zur obligatorischen Kompetenz des internationalen Gerichtshofes.(Pr.,1958,H.6, S.516-523)

Talalaev,N.A.(Talalajew,N.A.): W.I.Lenin über die internationalen Verträge. (Sov.gos.pravo,1958,H.4, S.23-27)

Tallós,J.: Der Rechtsbeistandsvertrag zwischen der Ungarischen Volksrepublik und der Deutschen Demokratischen Republik.(Mag.Jog,1958, H.1, S.2-4) 8

Hintergründe, Niederlage und Lehren des NATO-Putsches in Ungarn. (Militärwesen, 1957,H.4, S.100-129) 7

Villain,J.: "Al silah! - Gebt uns Waffen!" (Betr.Tunesien). (Weltb.,1958,H.24, S.746-751)

Villain,J.: Bastillesturm und Intervention im Nahen Osten.(Weltb., 1958,H.30, S.943-946)

Villain,J.: Neues aus Skhiet. (Tunesien).(Weltb.,1958,H.29, S.906-910)

Voss,H.: Die permanente Krise der NATO. (Dt.Auss.pol.,1958,H.7, S.672-677)

Wagner,H.: Außenhandelsmonopol und außenwirtschaftliche Operationen. (Ahdl.,1958,H.12, S.431-433)

Wahode,R.: Charakter und Widersprüche in der EZU. (Ahdl.,1958,H.12, S.452-454) 10

Wierzbowski,E.: Der Vertrag über Rechtshilfe und die Rechtsverhältnisse zwischen Polen und der Sowjetunion auf dem Gebiet des Zivil-, Familien- und Strafrechts.(Palestra,1958,H.5/6, S.63-69) 8

Winzer,O.: Zur Friedensbotschaft aus Moskau.(Betr.Tagung Partner des Warschauer Vertrages, Mai 1958). (Dt.Auss.pol.,1958, H.7, S.627-632)

Zachmann,S.;H.Haschke: Die Stellung der DDR im Weltpostverein. Dt.Auss.pol.,1958, H.6, S.578-582)

7.Staatsrecht

Apel, E.: Die führende Rolle der Partei bei der staatlichen Leitung der Wirtschaft in den Bezirken und Kreisen. (N.Weg,1958,H.13, S.1026-1031) 9

Arabische Staaten. (Jordanien,Koweit,Katar).(N.Zeit, 1958,H.30,S.28-31)

Artymowska, Z.: Die Verteidigung der Republik und der Demokratie.)Betr.Frankreich 1958). (Nowe Drogi, 1958,H.6, S.88-92)

Bartuška,J.: Die Verfassung vom 9.Mai - das Dokument,das die revolutionären Errungenschaften des Volkes festigt und zum Kampfe für den Sozialismus und Frieden mobilisiert.(Soc.zák.,1958,H.4,S.209-217)

Botschkarjow,J.: Äthiopien heute.(N.Zeit,1958, H.29, S.7-9)

Brill,E.: "Der Feind steht rechts"!(Betr.Landtagswahlen in der DBR). (Weltb.,1958, H.27, S.833-839)

Brill,E.: 1918 und die Folgen.(Betr.Faschismus in Frankreich). (Weltb.,1958,H.24, S.742-746) 3

Der dritte Bundestag,ein Organ der Großbourgeoisie. (Ber.Dt.Wirtsch.Inst.,1958,H.6, S.9-12)

Coppola,A.: Ein Linksruck. (Betr.Wahlen Mai 1958 in Italien). (N.Zeit, 1958,H.24, S.10-13)

Danecki,J.: Um die Massenpolitik auf dem Dorfe.(Nowe Drogi,1958,H.6, S.107-125)

Dmitrijenko, J.: Angriff der Rechten abgeschlagen.(Betr.Wahlen in Schweden 1958).(N.Zeit,1958, H.24,S.13-15)

Fisch,G.: Die finnischen Reichstagswahlen.(N.Zeit,1958,H.29,S.12-14)

Fischer,R.: Für die friedliche Wiedervereinigung Koreas. (Dt.Auss.pol.,1958,H.6, S.587-593)

Die zweite Maihälfte 1958 in Frankreich. (Nowe Drogi, 1958, H.6, S,74-87)

Fürnberg,F.: Die Erfahrungen der Arbeiterklasse mit der Verstaatlichung in Österreich. (Einh.,1958,H.5, S.750-758)

Garaudy,R.: De Gaulle und der Faschismus. (Einh.,1958,H.7, S.1041-1052) 3

Golow,M.: Ihre "fünfte Republik".(Betr.Frankreich).(N.Zeit,1958, H.27, S.15-16)

Hansen,G.: Militärdiktatur in Frankreich. (Dt.Auss.pol.,1958,H.7, S.633-640)

Hrzal,L.: Die Volksmassen und die Partei. (Nová mýsl,1958,H.6,S.507-520)

Ikonickij,J.V.(Ikonizkij,J.W.): Die Verfassung Ghanas, (Sov.gos.pravo, 1958,H.4, S.112-119)

Karwehl,H.;K.Görner: Zur Verbesserung der politischen Massenarbeit. (NJ,1958,H.13/14,S.452-455)

Král,K.: Die wichtigsten Ergebnisse der Gesetzgebungstätigkeit seit der Herausgabe der Verfassung vom 9.Mai.(Pr.,1958,H.5, S.391-400)

Lebedev,M.P.;B.N.Topornin: Die Nationalkomitees der Volksdemokratie Jugoslawien in der gegenwärtigen Etappe.(Sov.gos.pravo,1958,H.7, S.59-68)

Martin,A.: Sind Volksbefragungen undemokratisch? (Dt.Auss.pol.,1958, H.7, S.662-667)

Meister, R.: Der imperialistische Bonner Staat und der Kampf der Volksmassen gegen das reaktionäre militaristisch-klerikale Regime in Westdeutschland.(St R,1958,H.5/6, S.509-521) 3

Mirski,G.: Der Sturz der mittelöstlichen Bastille.(Irak).(N.Zeit, 1958,H.30, S.7-10)

Oelpke,H.: Die Rolle des ständigen Ausschusses für die örtlichen Volksvertretungen.(Stadt u.Gem.,1958, H.7, S.20-21)

Okonišnikov,A.P.(Okonischnikow,A.P.): Über die Pläne zur Überprüfung der Japanischen Verfassung. (Sov.gos.pravo, 1958,H.7, S.128-132)

Pasek,V.: Die Rolle der Gewerkschaften ist unter den neuen Bedingungen der Leitung der Industrie und des Bauwesens zu stärken. (Nová mýsl,1958, H.6, S.536-547) 19

Pasquino: 10 899 334 contra "democrazia cristiana".(Betr.Wahlen 1958 in Italien).(Weltb.,1958, H.24,S.751-753)

Pletz,K.H.: Arbeiterkontrolle - Teilnahme an der Staatsmacht. (Arb.,1958, H.7, S.42-45)

Procházka,V.: Zur Entstehung der Verfassung vom 9.Mai.(Pr.,1958, H.5, S.365-376)

Roleno,V.: Die Verfassung vom 9.Mai - die Verfassung unseres Weges zum Sozialismus. (Soudoe z lidu,1958, H.5, S.57-61)

Rost,R.: Ein Gesetz und seine Verwirklichung.(Betr.Gesetz über die Vervollkommnung u.Vereinfachung der Arbeit des Staatsapparates.) (Einh.,1958, H.7, S.943-956)

Schumann,K.: Das Recht auf Volksbefragung in der Bundesrepublik. (Nat.,1958, H.6, S.389-392)

Siemek,J.: Über die Zusammenarbeit der Gläubigen und der Ungläubigen. (Nowe Drogi, 1958, H.7, S.42-60)

Sorgenicht,K.: Unser Staatsapparat ist weiter gewachsen.(Dem.Aufb., 1958, H.13/14,S.296-299)

Villatin,J.: Interview mit dem FLN. (Betr.Staatskrise in Frankreich). (Weltb.,1958, H.25, S.774-777)

Villain,J.: Abschied von der Vierten Republik.(Betr.Faschismus in Frankreich). (Weltb.,1958, H.24, S.737-741)

Vledoju,A.(Wledoju,A.): Die Erweiterung der Kompetenz der Volksräte in der Rumänischen Volksrepublik. (Sov.gos.pravo,1958, H.4, S.108-111)

Zum Ergebnis der Wahlen in Nordrhein-Westfalen. (Weltb.,1958,H.30, S.935-937)

8. Gerichtsverfassung (einschließlich Staatsanwaltschaft, Justizverwaltung, Notariat u. Anwaltschaft)

Badkowski, A.: Die Grundsätze der Ausübung des Anwaltsberufes in den USA. (Palestra,1958, H.5/6, S.70-82)

Benedek,K.: Die Regelung der Anwalt-Frage. (Mag.Jog, 1958, H.4, S.97-100)

Garlicki,S.: Die Zulassung zur Advokatur. (Palestra,1958, H.5/6, S.3-10)

Geyer,H.u.a.: Die Zusammenarbeit der Staatsanwaltschaft mit den örtlichen Organen. (NJ,1958, H.13/14, S.446-449)

Korzan,K.: Einige Bemerkungen zu den Bestimmungen über die Verweisung einer Sache an ein anderes Gericht wegen Unzuständigkeit. (N.P.,1958, H.5, S.97-100)

Kozlov,V.(Koslow,W.): Neues in der Kontrolle über die Tätigkeit der Volksgerichte. (Soc.zak.(SSSR), 1958, H.4, S.31-34)

Löwenthal,H.: Bedeutung und Aufgaben des ungarischen Juristenverbandes. (Dem.u.R.,1958, H.3, S.80-84)

Nehéz-Posony, J.: Die rechtskräftige Verordnung über die Praxis der Anwalts-Benennung und die Organisationen der Anwälte. Mag.Jog, 1958, H.4, S.100-104)

Németh,J.: Einige Fragen zum Ausschluß von Richtern.(Mag.Jog,1958, H.1, S.20-22)

9. Verwaltungsrecht und Allgemeine Aufsicht des Staatsanwalts

Bachčisarajcev, Ch.E.(Bachtschisarajzew,Ch.E.): Über einige rechtliche Fragen, die sich aus der Veröffentlichung der Verordnung über die Volkswirtschaftsräte ergeben. (Sov.gos.pravo,1958,H.5, S.70-79)

Böhme,W.: Im täglichen Kampf entwickeln sich die neuen Arbeitsmethoden. (Lebensmittelkarten). (Dem.Aufb.,1958, H.13/14, S.303-305)

Cepkov,V.K.(Zepkow,W.K.): Zur Frage der Struktur der Exekutivkomitees der Rayonssowjets der Deputierten der Werktätigen. (Sov.gos.pravo, 1958, H.4, S.71-74)

Daehne, W.: Demokratie und Zentralismus. (Betr.Gemeinden).(Stadt u. Gem.,1958, H.7, S.17-19)

Fabian,F.: Zu einigen Fragen der neuen Planmethodik.(Betr.Außenhandel). (Ahdl.,1958, H.12, S.435-437) 6

Ferró,J.: Die Änderung oder Aufhebung von Staatsverwaltungsbestimmungen im Laufe oder außerhalb eines Berufungsverfahrens.(Mag.Jog, 1958, H.5, S.147-150)

Gorn,S.: Probleme der Abgrenzung der Mittel- und Großbauern. (Stat.Prax.,1958, H.6, S.128-133)

Grote,G.: Neue Wege in der Außenhandelsplanung. (Ahdl.,1958, H.12, S.433-435) 6

Hentschel, E.: Tätigkeit im Staatsapparat ist politische Arbeit. (Vpol.,1958, H.13, S.10-12)

Hentschel,E.: Die Landwirtschaftspolitik unserer Partei und die Aufgaben der Abschnittsbevollmächtigten auf dem Lande. (Schr.Dt.Vpol., 1958, H.22, S.1-16)

Kampfl,W.: Zur Lehre von der Leitung sozialistischer Betriebe. (Einh.,1958, H.6, S.879-888)

Komenda,B.: Zu einigen Fragen der Neuorganisation der Leitung der Volkswirtschaft. (Nová mýsl,1958, H.6, S.521-535)

Krupko, K.: Die Auferlegung administrativer Strafen.(Soc.zak.(SSSR), 1958, H.5, S.27-28) 11

Über die Lehre von der Leitung sozialistischer Betriebe.(Einh.,1958, H.7, S.1078-1087)

Lich,G.: Über die Aufgaben der Deutschen Volkspolizei bei der Katastrophenbekämpfung. (Schr.Dt.Vpol.,1958, H.23, S.15-29)

Liebe,G.: Über die rechtliche Seite der Tätigkeit der Ausschüsse für Produktionsberatungen. (Arb.,1958. H.7, Beil.Arbeitsr., S.1-5) 19

Müller, D.: Gedanken zum Luftschutzgesetz der DDR.(Militärwesen, 1958, H.3, S.357-364)

Pavlovskij,R.S.(Pawlowskij,R.S.): Neue Bestimmungen über die örtlichen Sowjets der Deputierten der Werktätigen der UdSSR und die Fragen der Leitung der örtlichen Industrie.(Sov.gos.pravo,1958,H.6, S.70-78) 7

Peplinski, F.: Aufgabe des Wirtschaftsrates und der Plankommissionen. (Stadt u.Gem.,1958, H.6, S.18-19)

Petrov, G.I.(Petrow,G.I.): Die Aufgaben der Kodifizierung des sowjetischen Verwaltungsrechts. (Sov.gos.pravo,1958, H.6, S.21-30)

Petzold,A.: Die Landgebietsinstrukteure im System der Abschnittsbevollmächtigten der Deutschen Volkspolizei.(Schr.Dt.Vpol.,1958,H.22, S.17-27)

Pilz,W.: Bessere Verteilung des erhöhten Volkseinkommens.(Betr.Abschaffung der Lebensmittelkarten).(DFW,1958,H.13, Ausg.Staatsh., S.324-327)

Pippig,R.: Die Anwendung des Prinzips der materiellen Interessiertheit bei der Planaufstellung. (DFW, 1958,H.12, Ausg.Finanz.u.Buchf., S.348-356)

Pröger,K.;E.Leymann: Das Hauptkettenglied: politisch-ideologische Erziehungsarbeit. (Betr.neuer Arbeitsstil).(Dem.Aufb.,1958, H.12, S.267-271)

Pruša,O.: Einige Rechtsfragen der neuen Organisation der Leitung der Industrie und des Bauwesens in der UdSSR. (Pr.,1958, H.6,S.470-488)

Püschel,H.: Das Verfahren bei Streitigkeiten über Werkwohnungen volkseigener Betriebe. (ArbR,1958, H.6, S.169-174) 19,18

Ruskol,A.A.;I.J.Rapoport,B.A.Liskovec(Liskowez,B.A.): Einige rechtliche Fragen über die Reorganisation der Maschinen-Traktoren-Stationen. (Sov.gos.pravo, 1958, H.4, S.37-42)

Šafir,N.A.;G.S.Ostroumov(Schafir,N.A.): Über die Vervollkommnung der Organisationsformen der Leitung der Industrie in der Volksrepublik China. (Sov.gos.pravo, 1958, H.5, S.111-116)

Schneider,G.: Das Gesetz vom 18.Mai 1958 - Ausdruck unserer Stärke. (Betr.Abschaffung der Lebensmittelkarten).(DFW,1958, H.13, Ausg. Staatsh. S.321-323).

Schrinner,K.: Zu einigen Aufgaben der Deutschen Volkspolizei auf dem Gebiet des Gaststättenwesens. (Schr.Dt.Vpol.,1958,H.23,S.30-42)

Skvorcov,A.(Skworzow,A.): Herangereifte Fragen der Organisation und Planung der städtischen Wirtschaft der UdSSR.(Vopr.ekon.,1958, H.4, S.135-141)

Šor, L.M.(Schor,L.M.): Fragen der rechtlichen Regelung der Tätigkeit der Zweigorgane und der funktionalen Organe des Volkswirtschaftsrates.(Sov.gos.pravo,1958, H.5, S.80-89)

Stelzer,H.E.: Einige Gedanken zur staats- und rechtswissenschaftlichen Konferenz in Babelsberg (Aufgaben der Polizei). (Schr.Dt.Vpol.,1958, H.22, S.28-36)

Tagunov,E.N.: Zur Frage der Kodifikation des sowjetischen Verwaltungsrechts.(Sov.gos.pravo,1958, H.5, S.131-136)

Tomm,A.: Die Beobachtung des sozialistischen Wettbewerbs ist eine wichtige statistische Aufgabe. (Stat.Prax.,1958,H.6, S.121-124)

Toropov,G.: Über die Grenzen der allgemeinen Aufsicht der sowjetischen Staatsanwaltschaft. (Soc.zak.(SSSR),1958, H.4, S.18-23)

Die Änderung des Arbeitsstils in der Deutschen Volkspolizei ist eine Frage der politisch-ideologischen Erziehung unserer Menschen. (Schr.Dt.Vpol.,1958, H.23, S.1- 14)

Wolffgramm,H.: Die polytechnische Bildung - ein Kernstück der sozialistischen Erziehung in den allgemeinbildenden Schulen.(Einh.,1958, H.5, S.710-722)

10.Finanzrecht

Bakalosch,K.;G.Modrzynski;G.Ullbrich: Probleme bei der Einführung des Bruttopreissystems.(Hdl.,1958, H.6, S.349-353)

Böhm,E.: Bonns Haushalt 1958 - Ausdruck der Militarisierung. (DFW,1958,H.11, Ausg.Staatsh.,S.288-289)

Der neue Bonner Rüstungshaushalt. (Ber.Dt.Wirtsch.Inst.,1958, H.12, S.11-14)

Corsepius,W.: Probleme der Finanzierung der Landwirtschaft. (DFW, 1958,H.11, Ausg.Geld u.Kredit/Vers.,S.314-318)

Dittrich,R.: Steuerliche Maßnahmen unterstützen die Landbevölkerung. (DFW,1958,H.14, Ausg.Staatsh.S.362-367)

Dost,A,: Einige theoretische Grundfragen der Bildung von Einzelhandelsverkaufspreisen. (Wirtsch.Wiss.,1958, 5.Sonderh., S.79-98)

Ferrand,G.: Was kostet der algerische Krieg? (Weltb.,1958,H.25, S.777-781)

Freitag,K.D.: Die Aufgaben der Staatlichen Plankommission auf dem Gebiet der Finanzen und Preise. (DFW, 1958,H.15,S.242-244)

Frenzel,P.: Landwirtschaft - nach wie vor auch Aufgabe der Deutschen Notenbank.(DFW,1958, H.14, Ausg.Geld u.Kredit/Vers.S.419-422)

Hänel,M.: Zahlungsarten im Ex- und Importgeschäft.(Ahdl.,1958,H.13, S.486-488)

Keller,H.;P.Frenzel:,Verbesserung und Planung des Kreditsystems. (DFW, 1958,H.12, Ausg.Geld u.Kredit/Vers., S.337-342)

Langer,H.: Die Bestimmung der Einzelhandelspreise im Rahmen der Festpreisbildung. (Wirtsch.Wiss.,1958, 5.Sonderh.,S.133-149)

Lorenz,R.: Bedeutung und Aufgaben der Bezirkspreiskommissionen. (DFW,1958,H.11, Ausg.Finanz.u.Buchf.,S.324-326) 9

Müller,R.: Probleme der Finanzierung des Wohnungswesens.(DFW,1958, H.11, Ausg.Geld u.Kredit/Vers., S.306-310)

Pilz,W.: Die Verjährung von Steueransprüchen und die Berichtigung von Steuerbescheiden. (DFW,1958, H.13, Ausg.Staatsh. S.338-340)

Poetzsch,K.: Steuerprobleme der privaten Wirtschaft. (DFW,1958,H.11, Ausg.Staatshaush., S.265-270)

Schmidt, M.: Klarheit im Kopf und neuer Arbeitsstil. (Betr.Aufgaben der DN nach dem 35.Plenum)(DFW, 1958,H.13, Ausg.Geld u.Kredit/Vers. S.369-391)

Stargardt,F.: Eine nützliche Erinnerung.(Betr.Währungsreform). (Weltb.,1958, H.25, S.786-791)

Uhlich,E.: Zur Haushaltslage der Städte und Gemeinden in der Deutschen Demokratischen Republik.(Stadt u.Gem.,1958, H.7, S.3-6)

Die separate Währungsreform in Westdeutschland. (T.1 u.2).(ddz,1958, H.168, S.42-45; H.169, S.44-48)

Zahn,L.: Bonner Rüstungshaushalt 1958/59. (DFW,1958,H.13, Ausg. Staatsh. S.344-347)

Zahn,L.: Die Finanzierung des Wohnungsbaues in den beiden deutschen Staaten. (DFW, 1958,H.11, S.174-176)

Zlesák,J.: Der Haushalt der Städte und Gemeinden in der ČSR. (Stadt u.Gem.,1958, H.6, S.25-27)

11.Strafrecht, Strafprozeß

Adaszewski,Z.: Die Alimentation der Kinder in strafrechtlichen Entscheidungen. (N.P. 1958, H.5, S.83-87) 17

Arzumanjan,T.: Über Zeugen in Sachen, in denen es sich um Entwendung sozialistischen Eigentums handelt.(Soc.zak.(SSSR), 1958,H.5,S.66-69)

Bachrach,A.: Die Rolle des Sachverständigen im Strafprozeß.(N.P., 1958, H.5, S.12-23)

Backert,H.: Die Tatbestände des Hausfriedensbruchs (§§123, 124 StGB). (Schr.Dt.Vpol.,1958, H.23, S.80-86)

Barna,P.: Gegenstand und Qualifizierung der Verbrechen gegen die innere Sicherheit des Staates. (Mag.Jog,1958, H.3, S.65-67)

Bazanov,M.I.;V.I.Tkačenko(Basanow,M.I.;Tkatschenko,W.I.): Die Klassifizierung des Rowdytums nach dem sowjetischen Strafrecht. (Sov.gos.pravo, 1958, H.6, S.133-138)

Bičovský,J.: Zur Wiederaufnahme des Verfahrens über den Schuldanspruch des Strafurteils über den Anspruch des Geschädigten. (Soc.zák.,1958, H.4, S.239-244)

Blum,M.I.: Über die Stellung der Verbrechen gegen das sozialistische Eigentum im System des Besonderen Teils der Strafgesetzbücher der Unionsrepubliken. (Sov.gos.pravo, 1958,H.7, S.120-123)

Boldyrjev,V.A.(Boldyrjew,W.A.): Über die Kodifizierung der Straf- und Strafprozeßgesetzgebung der Republik.(Sov.gos.pravo,1958,H.7, S.90-98)

Burda,J.: Das Verbrechen der Ausfälligkeit nach § 188 b StGB. (Soc.zák.,1958, H.5, S.290-295)

Busujev,I.A.: Die erzieherische Besserungsarbeit als Strafmaßnahme im sowjetischen Strafrecht. (J.K.,1958, H.5, S.137-141)

Cieślak,M.: Zum Verzicht auf das Privatklagerecht. (N.P., 1958, H.6, S.82-88)

Feller,S.: Das Prinzip "Non reformatio in pejus" - der Ausdruck des Demokratismus der sozialistischen Rechtsprechung und die Bedingungen seiner Anwendung. (J.N.,1958, H.3, S.412-419)

Fräbel,A.: Besserungsarrest für jugendliche Rechtsverletzer.(NJ,1958, H.12, S.418-421)

Frenzel,R.: Die strafrechtliche Verantwortlichkeit Erwachsener für Verfehlungen von Jugendlichen und Kindern nach § 139b StGB und § 7 JGG. (Schr.Dt.Vpol.,1958, H.24, S.38-49)

Friebel,W.: Der zeitliche Geltungsbereich der Strafgesetze der Deutschen Demokratischen Republik im Zusammenhang mit dem Strafrechtsergänzungsgesetz. (Schr.Dt.Vpol.,1958, H.24, S.26-37)

Fritzlar,H.H.: Einige Erfahrungen der Bearbeitung der kleinen Kriminalität durch die Abschnittsbevollmächtigten.(Schr.Dt.Vpol.,1958, H.24, S.8-13)

Grobovenko,J.: Neues in der Straf- und Strafprozeßgesetzgebung der Volksrepublik Rumänien. (Soc.zak.(SSSR),1958, H.4, S.52-54)

Harrland,H.: Fragen der Kriminalität und ihre Bekämpfung.(Schöffe, 1958, H.7, S.207-213)

Harrland,H.: Der gegenwärtige Stand der Kriminalität in der DDR. (NJ,1958, H.12, S.401-405)

Jahn, G.: Bemerkungen zu Objekt und Gegenstand der Verleitung zum Verlassen der DDR. (NJ, 1958, H.13/14, S.456-458)

Ivan,N.(Iwan,N.): Das fortgesetzte Verbrechen. (Soc.pravo,1958,H.5, S.36-44)

Kádár,M.: Das Strafrecht - ein wichtiger Faktor des Schutzes der Wirtschaftsordnung. (P.i P.,1958, H.5/6, S.896-905) 3

Karev,D.S.: Einige Bemerkungen zum Entwurf der Grundlagen des Strafverfahrens der Union der SSR und der Unionsrepubliken. (Sov.gos.pravo, 1958, H.7, S.115-119)

Kern,H.: Die Erziehung im Strafvollzug. (Schr.Dt.Vpol.,1958,H.24, S.14-25)

Korda,G.: Der Einzelne und die Menge bei Staatsverbrechen. (Mag.Jog, 1958,H.2, S.33-37)

Kudrjavcev,V.(Kudrjawzew,W.): Die Verbrechensverhütung - eine wichtige Form des Kampfes gegen die Überreste des Kapitalismus im Bewußtsein der Menschen. (Soc.zák.,1958, H.5, S.286-290) 3

Kudrjavcev,V.N.;B.S.Nikiforov(Kudrjawzew,W.N.;B.S.Nikiforow): Die Einschränkung der Rechte auf Grund des Entwurfs der Hauptprinzipien der Strafgesetzgebung der Union der SSR und der Unionsrepubliken. (Sov.gos.pravo, 1958, H.7, S.111-114)

Kusohel,H.;E.Kermann: Strafbare Handlung oder Disziplinarverstoß? (NJ, 1958, H.13/14, S.458-461)

Lázár,M.: Die Bedeutung der subjektiven Seite bei der Beurteilung konterrevolutionärer Handlungen. (Mag.Jog, 1958, H.3, S.67-70)

Leonieni,M.: Über das Wesen der bedingten Verurteilung.(P.i P.,1958, H.5/6, S.883-895)

Leonieni,M.: Die bedingte Verurteilung bei Rückfall.(N.P.,1958,H.5, S.48-58)

Levickij,G.A.(Lewizkij,G.A.): Zur Frage der Prinzipien der Strafzumessung nach dem sowjetischen Strafrecht. (Sov.gos.pravo,1958,H.4, S.102-107)

Lipozyński,J.: Der Verzicht auf das Klagerecht bei Privatklageverfahren. (N.P.,1958, H.6, S.79-82)

Lukaszkiewicz,Z.: Die Kriminalität auf dem Dorfe und in der Stadt. (N.P.,1958, H.5, S.66-71)

Maelzer,W.: Die Neuregelung des Strafregisterwesens in der Deutschen Demokratischen Republik. (Sohr.Dt.Vpol.,1958,H.22, S.47-55)

Mančev,N.(Mantschew,N.): Die Schuld im Strafrecht und im Zivilrecht. (Soc.pravo,1958, H.5, S.12-23) 8

Marzec,J.F.: Über die Vergehen von Funktionären der Bürgermiliz. (N.P.,1958, H.6, S.54-67)

Mendel'son,G.;Ju.Tkačevskij: Die Verantwortung für geringfügige Spekulationen. (Soc.zak.(SSSR), 1958,H.4, S.38-42)

Móra,M.: Gesichtspunkte zur Revision unseres Systems der Strafprozessmittel. (Mag.Jog,1958, H.1, S.8-13)

Nagy,S.: Wie weit wirkt die Psychopathie bei Verbrechen mit. (Mag.Jog, 1958, H.2, S.37-39) 12

Natanzon,S.: Über die Grundsätze des sowjetischen strafrechtlichen Schutzes. (Soc.zak.(SSSR), 1958, H.5, S.53-54)

Neményi,B.: "Zur Reform unseres Systems der Strafprozeßmittel". (Mag.Jog, 1958, H.1, S.13-17)

Nikiforov,B.: Die Stellung des Objekts in der allgemeinen Definition des Verbrechens nach dem sowjetischen Strafrecht.(Soc.zak.(SSSR), 1958, H.5, S.29-36)

Nikola,T.: Der allgemeine und der besondere Tatbestand.(Soc.pravo, 1958, H.3, S.3-8)

Nizsalovsky,E.: Zum Wohle des Staates: Verurteilung anstelle Rückerstattung.(Mag.Jog, 1958,H.3, S.75-79) 13

Otto,G.: Über die Anwendung der Bestimmungen des Strafrechtsergänzungsgesetzes zur Festigung der militärischen Disziplin. (Militärwesen, 1958, H.3, S.412-421)

Papierkowski,Z.: Das Problem des Versuchs bei Unterlassungs-Delikten.(Omissivdelikt). (Palestra, 1958,H.5/6, S.37-45)

Pohontu,I.: Die Fortsetzung der Strafverfolgung in Abwesenheit des Angeklagten. (J.N.,1958, H.3, S.420-425)

Rachunow,R.: Die Wahrung der Gesetzlichkeit bei der Einleitung von Strafverfahren. (Soc.zak.(SSSR), 1958, H.6, S.32-37)

Ratinov,A.: Über die Untersuchungsintuition. (Soc.zak.(SSSR), 1958, H.4, S.24-30)

Rešetnikov,F.(Rjeschjetnikow,F.): Charakteristische Tendenzen in der gegenwärtigen Strafgesetzgebung der USA. (Soc.zak.(SSSR), 1958,H.5, S.80-81)

Römer,A.;W.Hennig: Die Verbrechen gegen die Deutsche Demokratische Republik. (T.1 u.2). (Schr.Dt.Vpol.,1958, H.22,S.37-46; H.23, S.51-64)

Roxan,V.: Neue Veränderungen an der Strafprozeßordnung und das Prinzip der Unzulässigkeit einer Verschärfung des Strafmaßes bei Anfechtung des Urteils. (J.N.,1958, H.3, S.406-411)

Rybczýnski,St.: Was bringt uns das Gesetz vom 21.Januar 1958 über die Verbesserung des Schutzes von gesellschaftlichen Eigentum vor Schäden, die durch Verbrechen verursacht werden. (Palestra,1958, H.5/6, S.46-53)

Schubert,L.: Eine Analyse der Elemente des Tatbestandes der strafbaren Handlung. (Pr.štúdie, 1958, H.2, S.322-356)

Speckhardt,K.H.: Zur strafrechtlichen Verantwortlichkeit der Beteiligten bei Amtsverbrechen. (Schr.Dt.Vpol.,1958, H.23, S.65-79)

Die Hauptprinzipien der Strafgesetzgebung der UdSSR und der Unionsrepubliken (Entwurf). (Sov.gos.pravo, 1958, H.6, S.3-12)

Grundlagen des Strafverfahrens der UdSSR und der Unionsrepubliken (Entwurf). (Sov.gos.pravo, 1958, H.6, S.12-20)

Streit,J.: Zu einigen Fragen der Jugendkriminalität. (NJ,1958, H.13/14, S.474-477)

Strogovič,M.S.(Strogowitsch,M.S.): Über den Entwurf der Grundlagen des Strafverfahrens der UdSSR und der Unionsrepubliken. (Sov.gos.pravo, 1958, H.7, S.82-89)

Stručkov,N.A.(Strutschkow,N.A.): Das Problem der Bestrafung im Entwurf der Strafgesetzgebung der Union und der Republik.(Sov.gos.pravo, 1958, H.7, S.99-104)

Szerer,M.: Zu den Richtlinien des Obersten Gerichts über Strafzumessung. (Palestra, 1958, H.5/6, S.33-36)

Tadevosjan,V.: W.I.Lenin über die Kinder und der Kampf gegen die Jugendkriminalität. (Soc.zak.(SSSR), 1958, H.4, S.13-17)

Tallós,E.: Einige Fragen über besonders großen Schaden durch Handlungen, die das gesellschaftliche Eigentum verletzen.(Mag.Jog,1958, H.5, S.130-133)

Tarasov,V.D.(Tarassow,W.D.): Zur Frage der Begründung von Freisprüchen. (Sov.gos.pravo, 1958, H.6, S.144-148)

Turi,I.: Das Gesetz über die Ergänzung des Strafgesetzbuches der Deutschen Demokratischen Republik. (Mag.Jog, 1958, H.5, S.151-153)

Varkov,P.(Warkow,P.): Die Rechtsstellung des Inhaftierten.(Soc.pravo, 1958, H.3, S.45-55)

Vieska, J.: Zu den kurzfristigen nicht bedingten Freiheitsstrafen. (Soc.zák.,1958, H.5, S.273-285)

Virfureanu,D.: Die Beschwerdeführung gegen die Vollstreckung von Gerichtsbeschlüssen im Strafprozeßrecht. (J.N.,1958, H.3, S.426-432)

Zgurskaja, E.I.(Sgursskaja,E.I.): Die wichtigsten Fragen der Entwürfe zu den Grundlagen des Strafverfahrens der Union der SSR und der Unionsrepubliken und die Strafprozeßordnung der Ukrainischen SSR. (Sov.gos.pravo, 1958, H.7, S.105-110)

12.Kriminalistik,Gerichtliche Medizin, Gerichtspsychiatrie,-psychologie

Jahn,S.: Gewalt- und Dauerbrüche im Verkehrsunfallgeschehen. (Schr.Dt.Vpol.,1958, H.22, S.56-68)

Kobiela,J.: Blutgruppenuntersuchung im Lichte der neuesten wissenschaftlichen Erkenntnisse. (N.P.,1958, H.6, S.38-53)

Müller,K.: Die Bedeutung und Methode der gerichtlichen Schriftexpertise. (Dem.u.R.,1958, H.3, S.87-93)

Rothe,K.;G.Hagen: Die Anwendung optischer Fallenstellmittel zur Aufklärung von Verbrechen. (Schr.Dt.Vpol.,1958, H.22,S.78-85)

Rothe,K.;K.H.Spindler: Die Anwendung der neuen Technik in der Kriminalistik der Deutschen Demokratischen Republik. (Schr.Dt.Vpol.,1958, H.24, S.82-91)

Schnorr,S.;W.Grube: Arsen in der Kriminalistik. (Schr.Dt.Vpol.,1958, H.24, S.55-65)

Thomas,K.: Das Blutgruppengutachten nach dem gegenwärtigen wissenschaftlichen Stand der medizinischen Forschung.(NJ, 1958,H.12, S. 410-415)

Ulrich,A.: Der Zündpunktprüfer - ein Hilfsmittel bei der Brandursachenermittlung. (Schr.Dt.Vpol.,1958, H.22, S.102-104)

13.Zivilrecht

Bernáth,Z.: Über die Verjährung im Entwurf des Bürgerlichen Gesetzbuches. (Mag.Jog, 1958, H.5, S.135-137)

Breyer,St.: Zivilrechtliche Probleme des neuen Enteignungsrechts. (N.P.,1958, H.6, S.68-78) 7

Csanádi,G.: Die Normen über die Erfüllung im Entwurf des Bürgerlichen Gesetzbuches. (J.K.,1958, H.5, S.151-158)

Czachórski,W.: Die Feststellung der Höhe des Schadensersatzes nach den Bestimmungen des Schuldleistungsgesetzes.(T.2).(N.P.,1958,H.5, S.24-31)

Daniszewski,B.: Die Reform des Sachenrechts in bezug auf das Eigentum an Räumen. (N.P.,1958, H.5, S.88-90)

Diósdi,G.: Drei Bemerkungen zum Erbrechtsteil des Entwurfes des BGB. (Mag.Jog, 1958, H.3, S.81-83)

Dobos, S.: Die Schadenersatz-Obligation im Gesetzentwurf.(Mag.Jog, 1958, H.3, S.79-81)

Die Diskussion zum Entwurf des Bürgerlichen Gesetzbuches. (Mag.Jog, 1958, H.1,S.24-29; H.2, S.56-60; H.3, S.89-93; H.4, S.120-123)

Genkin,D.M.: Das Eigentumsrecht als absolutes subjektives Recht. (Sov.gos.pravo, 1958,H.6, S.92-102)

Hofmann,K.;E.Krauß: Über revisionistische Erscheinungen im Zivilrecht. (St R,1958, H.5/6, S.547-561)

Kaufverträge über Gebäude, die in Verletzung des Gesetzes abgeschlossen wurden. (Soc.zak.(SSSR), 1958, H.5, S.82-84)

Kemenes,B.: Strittige Fragen hinsichtlich der Schadenszufügungen im Lichte des Entwurfs des Bürgerlichen Gesetzbuches.(Mag.Jog,1958, H.2, S.50-55)

Luby,St.: Der zivilrechtliche Anspruch. (Pr.štúdie,1958, H.2, S.256-321)

Mádl,F.: Die zwei Seiten der Billigkeit im Entwurf des Bürgerlichen Gesetzbuches. (J.K.,1958, H.5, S.159-170)

Szenlényi,D.: Bemerkungen zum Erbrechtsteil des Entwurfes des Bürgerlichen Gesetzbuches. (Mag.Jog, 1958, H.3, S.83-87)

Szpunar,A.: Die Verantwortung für den Untergebenen.(N.P.,1958,H.6, S.15-29)

Világhy,M.: Fragen des Erbganges der überlebenden Ehegatten. (Mag.Jog, 1958, H.4, S.113-116)

Világhy,M.: Prinzipielle Fragen des Erbrechtes im Entwurf des Bürgerlichen Gesetzbuches. (J.K.,1958, H.5, S.142-151)

Weiss,E.: Zur Diskussion über die Erbfolge der Ehegatten.(Mag.Jog, 1958, H.5, S.139-142)

Wolf,M.: Die Regelung der Verjährung von Forderungen im Entwurf des Bürgerlichen Gesetzbuches. (Mag.Jog, 1958, H.5, S.137-139)

Zoltán,Ö.: Nochmals über das Verantwortlichkeitssystem im Entwurfes des Bürgerlichen Gesetzbuches. (Mag.Jog,1958, H.4, S.109-112)

14.Urheber-und Erfinderrecht

Antimonov,B.S.;E.A.Fleišic(E.A.Fleischiz): Die Aufgaben des sowjetischen Erfinderrechtes. (Sov.gos.pravo, 1958,H.2, S.13-22; deutsch: RID, 1958, H.13, Sp.402-412)

Becker,G.: Die ideologische Seite des Erfindungs- und Vorschlagswesens. (EuV, 1958, H.8, S.228-233)

Lehmann, O.: Die Aufgaben der Gewerkschaften bei der Entwicklung der Neuerer-, Rationalisatoren- und Erfinderbewegung zur schnelleren Steigerung der Arbeitsproduktivität. (EuV, 1958,H.6,S.161-169)

Rajgorodskij,N.A.: Der Entwurf für die Regelung der Vergütung von Erfindervorschlägen. (Sov.gos.pravo, 1958, H.4, S.92-101; deutsch: RID, 1958, H.13, Sp.391-401)

Šapiro,R.B.;G.S.Alčuller(Schapiro,R.B.;G.S.Altschuller): Zu einigen Fragen des sowjetischen Erfinderrechts. (Sov.gos.pravo, 1958,H.2, S.35-44; deutsch: RID,1958, H.13, Sp.381-391)

Schubert,W.: Warenzeichen und fremde Sprachen.(EuV, 1958,H.8,S.233-236)

Soós, L.: Urheberschaftsstreit im Rahmen von Neuerungen.(Mag.Jog, 1958, H.5, S.144-147)

15.Vertragssystem,Vertragsgerichtliches Verfahren

Ghajdas,G.1.: Über die Wirtschaftsverträge der Kollektivwirtschaften. (Sov.gos.pravo, 1958, H.4, S.52-57) 16

Dornberger, G.: Der Geltungsbereich des Vertragsgesetzes. (Vertr.Syst.,1958,H.5, S.109-113)

Goldhahn,E.: Vereinbarung konkreter Liefertermine zur Erfüllung des Investitionsplanes. (Vertr.Syst.,1958, H.5, S.113-116 u.117)

Hemmerling,J.: Vertragssystem und Betriebsvergleich.(Vertr.Syst., 1958, H.5, S.105-108)

Hofmann; Schneider: Die Allgemeinen Bedingungen für Entwurfs- und Konstruktionsleistungen im Bereich des volkseigenen Maschinenbaues. (Vertr.Syst.,1958, H.6, S.145-148)

Kosík,V.: Bemerkungen zu einigen Rechtsvorschriften über die Sicherung der Lieferung von Qualitätserzeugnissen.(Pr.,1958, H.6, S.497-515)

Lange,G.;G.Zorowka: Die rechtliche Behandlung von Fehlmengen im Einlagerungsvertrag zwischen VEAB und landwirtschaftlichem Erzeuger. (Vertr.Syst.,1958, H.6, S.148-150)

Lengwinat,K.: Zur Arbeitsweise des Staatlichen Vertragsgerichts. (Vertr.Syst.,1958, H.6, S.137-140)

Marquardt,H.;J.Ulrich: Zu den Versandklauseln im Hinblick auf die Gefahrtragung. (Vertr.Syst.,1958, H.6, S.156-157)

Näther:Zur Abgrenzung der Verantwortlichkeit zwischen Investitionsträger und Baubetrieb. (Vertr.Syst., 1958, H.6, S.141-144)

Novicki,I.B.(Nowizki,I.B.): Über die Verantwortung der sozialistischen Organisationen bei Verletzung der Vertragsdisziplin. (Sov.gos.pravo, 1958, H.7, S.33-42)

Panzer,W.: Zur Rolle des sozialistischen Zivilrechts bei der Verwirklichung der Wirtschaftspläne. (St R, 1958, H.5/6, S.535-546)

Prüfer,E.: Sachlicher Geltungsbereich des Vertragsgesetzes und gerichtliche Zuständigkeit. (Dem.u.R.,1958, H.3, S.93-96) 8

Šiška,V.: Die technischen Übernahmebedingungen und ihre Rolle im Wirtschaftsvertrag. (Soc.zák.,1958, H.5, S.327-333)

Stojčev,M.(Stojtschew,M.): Die Vertretung im Arbitrageverfahren. (Soc.pravo, 1958, H.3, S.62-65)

Walter,G.: Die Bedeutung der Schadenfeststellung bei Transportschäden. (Vertr.Syst.,1958, H.6, S.150-152)

16.LPG-Recht, Bodenrecht

Aleksandrov, N.G.: Über die Stellung des Arbeits- und Kolchosrechts im System des sozialistischen Sowjetrechts. (Sov.gos.pravo, 1958, H.5, S.117-124)

Bachovkina, L.N.: Zur Frage der Rechtsobjekte des kollektivwirtschaftlichen Eigentums. (Sov.gos.pravo,1958,H.7, S.22-32)

Dolžanskij,N.D.(Dolchanskij,N.D.): Ein neuer Schritt auf dem Wege zur Festigung des Kolchosaufbaus. (Sov.gos.pravo, 1958, H.4, S.33-36)

Eliáš,J.: Das Altenteil beim Eintritt des Bauern in die Landwirtschaftliche Einheitsgenossenschaft. (Soudce z lidu, 1958, H.4, S.47-49)

Fitzner,E.: Das Nutzungsrechtsverhältnis zwischen dem Rat des Kreises und der LPG. (St R, 1958, H.5/6, S.571-582)

Foteev,S.M.(Fotejew,S.M.): Über die Kodifizierung der sowjetischen Bodengesetzgebung. (Sov.gos.pravo, 1956,H.9, S.73-79; deutsch: RID, 1958, H.12, Sp.353-360)

Foth,C.: Fördert die sozialistische Umgestaltung auf dem Lande! (NJ, 1958, H.13/14, S.461-464)

Glotow,I.: Die Entwicklung des kollektivwirtschaftlichen Eigentums in der Sowjetunion. (Einh.,1958, H.5, S.723-739)

Gold,H.;G.Feiler: Die Mitwirkung der Staatsanwälte und die Rechtsprechung der Zivilgerichte in LPG-Verfahren. (NJ, 1958,H.13/14, S.464-469) 18

Kozyr',M.I.(Kosir,M.I.): Einige Fragen der rechtlichen Stellung des kollektivwirtschaftlichen Eigentums. (Sov.gos.pravo,1958, H.4, S.43-51)

Die Entwicklung der Landwirtschaft in den europäischen Ländern der Volksdemokratie. (Vopr.ekon.,1958, H.5, S.139-154)

Pankratov,I.F.: Neues über die rechtliche Regelung der materiellen Versorgung der arbeitsunfähigen Mitglieder von Kollektivwirtschaften. (Sov.gos.pravo, 1958, H.1, S.35-42; deutsch: RID,1958,H.12,Sp.371-380) 19

Pjatnickij, P.P.(Pjatnizkij,P.P.): Erörterungen von Fragen der weiteren Entwicklung und Festigung des Kolchosaufbaus.(Sov.gos.pravo, 1958, H.4, S.85-91)

Popov, E.: Ist das Statut einer landwirtschaftlichen Produktionsgenossenschaft ein Vertrag? (Soc.pravo, 1958, H.3, S.9-19)

Ruskol,A.: Die Rechtsstellung der technischen Reparaturstationen und ihre vertraglichen Beziehungen mit den Kollektivwirtschaften. (Soc.zak.(SSSR), 1958, H.6, S.26-31) 15

Šamořil,K.: Einige Bemerkungen zum bisherigen Verlauf der Ausarbeitung eigener Statuten in einigen LEG. (Soc.zák.,1958, H.4,S.226-239)

Skodowski, B.;N.Geipel: Zielstrebiger um den sozialistischen Aufbau auf dem Lande kämpfen. (Dem.Aufb.,1958, H.13/14, S.315-318)

Strumilin,S.: Einige Probleme der weiteren Entwicklung der Kolchosordnung. (Vopr.ekon.,1958, H.5, S.33-45)

17.Familienrecht

Anijanc,M.(Anijanz,M.): Die Kodifikation der sowjetischen Ehe- und Familiengesetzgebung. (Soc.zak.(SSSR), 1958, H.6, S.49-52)

Bicovský,J.: Die Adoption. (Soudce z lidu, 1958, H.5,S.62-66)

Bradeanu,S.: Ist die Eintragung von Immobilien, die während der Ehe erworben wurden, als gemeinsames Eigentum auf Grund einer einseitigen Erklärung der Ehepartner möglich? (J.N.,1958, H.3, S.436-442)

Wächtler, H.: Die elterliche Sorge nach dem Entwurf des Familiengesetzbuchs. (NJ, 1958, H.12, S.408-410)

18.Zivilprozeß(einschließlich Familienrechtliches Verfahren)

Dobrev,I.: Die Anerkenntnis im Zivilprozeß.(Soc.pravo,1958, H.3, S.36-44)

Granberg,V.: Das Einreichen von Klagen durch die Organe der Staatsanwaltschaft gemäß Art.2 der ZPO der RSFSR. (Soc.zak.(SSSR),1958, H.5, S.18-24)

Gusev,N.: Die Gerichtspraxis in zivilen Transportsachen.(Soc.zak.(SSSR), 1958, H.6, S.38-45)

Heinerici,W.: Fragen des Zivilprozesses und Mitwirkung der Schöffen. (Schöffe, 1958, H.6, S.181-186)

Lusche,E.: Einige Bemerkungen zum Entmündigungsverfahren.(NJ,1958, H.12, S.415-417)

Resich, Z.: Über die Änderung der Zivilprozeßordnung.(N.P.,1958, H.5, S.3-11)

19.Arbeitsrecht und Arbeitsrechtliches Verfahren

Bredernitz,H.: H.: Die rechtliche Regelung der Gewährung von Treueprämien. (ArbR, 1958,H.6, S.184-186)

Den Betriebskollektivvertrag in den Mittelpunkt der gewerkschaftlichen Arbeit stellen. (Interview) (Arb.,1958, H.7, S.32-35)

Cernev,G.(Zernew, G.): Die Beweislast bei Klagen wegen Aufhebung einer ungerechtfertigten Entlassung. (Soc.pravo,1958, H.3, S.56-61)

Černý,M.: Die Mankosachen in der Gerichtspraxis. (Soc.zák.,1958,H.4, S.244-251) 13

Chyský,J.: Der individuelle Arbeitsvertrag vom Standpunkt der sozialen Rechte nach der tschechoslowakischen Verfassung.(Pr.,1958,H.6, S.489-497) 7

Czesław,W.: Die Reform des Renten- und Versorgungssystems.(N.P.,1958, H.6, S.3-14)

Fiedler,G.: Fragen der Lenkung von Mittel- und Oberschülern in Lehrverhältnisse. (A.u.S.,1958, H.12, S.359-363) 9

Franke,K.: Rechtsfragen der Vertretung im Betrieb. (ArbR, 1958,H.7, S.207-209)

Friedrich,J.: Die Beihilfen nach dem Gesetz zur Änderung des Gesetzes über Mutter- und Kinderschutz und die Rechte der Frau.(T.1 u.2) (A.u.S.,1958, H.14, S.442-446; H.15, S.477-479)

Garanosy,G.: Die auf die wiederholt nicht entsprechend ausgeführte Arbeit begründete Kündigung in der Praxis der Schlichtungskommission. (J.K.,1958, H.5, S.176-181.)

Ginoburg,L.J.(Ginzburg,L.J.): Jean Rivevo und Jean Savatier, Arbeitsrecht. Paris 1956, 502 S.(Rez.).(Sov.gos.pravo,1958,H.6, S.163-165)

Grünberg,G.: Die arbeitsrechtlichen Auswirkungen des Strafrechtsergänzungsgesetzes und des Strafregistergesetzes.(A.u.S.,1958,H.12, S.373-375) 11

Hanke,H.: Aus der Arbeit der Zentralen Beschwerdekommission.(T.4 u.5). (A.u.S.,1958,H.11, S.344-345; H.12, S.376-377)

Kaschel,E.: Technisch begründete Arbeitsnormen bringen den Stand der Entwicklung der Produktivkräfte zum Ausdruck.(A.u.S.,1958, H.15, S.451-455)

Kaufmann,Unsere AGL kämpft für eine sozialistische Arbeitsmoral. (Arb.,1958, H.7, S.55-57)

Kolb,M.: Der lohnpolitische Charakter einer Reihe von Maßnahmen, die im Zusammenhang mit der Abschaffung der Lebensmittelkarten durchgeführt wurden. (A.u.S., 1958, H.13, S.386-389)

Kopankiewicz,Z.: Das Revisionsverfahren vor dem Gericht der Sozialversicherung. (Palestra, 1958, H.5/6, S.54-62)

Kunz,Th.: Zur Frage der Anfechtung der Vollstreckbarkeitserklärung eines Beschlusses der Konfliktkommission. (A.u.S.,1958, H.11,S.342-344)

Martin,M.: Gibt es im Arbeitsrecht eine gesamtschuldnerische Haftung? (ArbR, 1958, H.7, S.202-206) 13

Thesen zu einer Regelung der arbeitsrechtlichen materiellen Verantwortlichkeit der Werktätigen. (A.u.S.,1958,H.13,S.405-408;ArbR,1958, H.7, S.199-202)

Natoli,U.: Grundzüge des italienischen Arbeitsrechts.(ArbR,1958, H.6, S.178-181)

Orlický, R.: Die Invaliden- und die Teilinvalidenrente nach dem Gesetz über die Sozialversorgung. (Soudce z lidu, 1958, H.4, S.42-46)

Pašerstnik,A.E.(Pascherstnik,A.E.): Fragen der Untersuchung von Arbeitsstreitsachen in der Verordnung des Plenums des Obersten Gerichts der UdSSR vom 13.September 1957. (Sov.gos.pravo,1958, H.6, S.79-91)

Paul,H.: Ruhen des Krankengeldes und Lohnausgleich.(ArbR,1958, H.6, S.174-177)

Presber;Weise: Die Berufsrehabilitation in der Volksrepublik Polen gibt wichtige Hinweise für unsere Arbeit.(T.1 u.2).(A.u.S.,1958, H.11,S.348-351; H.12, S.381-383)

Probst,K.: Über einige Mängel in der Arbeitsrechtswissenschaft. (St R, 1958, H.5/6, S.562-566)

Schneider,R.: Zu einigen Fragen des Arbeitsrechts und der Arbeitsrechtswissenschaft. (ArbR, 1958, H.7, S.193-199)

Schulz,W.: Sozialistische Bewußtseinsbildung und materielle Verantwortlichkeit. (ArbR, 1958, H.6, S.164-169) 3

Spangenberg,F.: Notwendige Bemerkungen zur Entwicklung im Arbeitsrecht. (ArbR, 1958, H.6, S.161-163) 3

Štepina,J.: Die Teilinvalidenrente unter den erheblich erschwerten allgemeinen Lebensbedingungen. (Soc.zák.,1958, H.5, S.307-311)

Szubert,W.: Die Arbeitskollektivverträge in der vergesellschafteten Wirtschaft. (P.i P.,1958, H.5/6, S.802-818)

Überhuber,J.: Die Feststellung der wesentlichen Erwerbsminderung als Bedingung für den Anspruch auf die Teilinvalidenrente.(Soc.zák.,1958, H.5, S.311-313)

Waldenburger, M.: Das Normenaktiv im Meisterbereich.(A.u.S.,1958, H.14, S.423-426)

Waldenburger,M.: Wie soll die Zusammensetzung eines Normenaktivs im Meisterbereich sein? (A.u.S., 1958, H.15, S.455-457)

Weltner,A.: Der Begriff des Arbeitsrechts. (J.K.,1958, H.5, S.171-176)

Wiehle,F.: Zu den Aufgaben der gewerkschaftlichen Arbeitsschutzinspektoren. (A.u.S.,1958, H.12, S.364-367)

20.Internationales Privatrecht

Keine Eingänge

21.Sonstiges

Abusch,A.: Über die revolutionäre Arbeitsmethode des Genossen Walter Ulbricht. (Einh.,1958, H.6, S.769-786)

Akademie auf neuen Wegen.(Interview mit Prof.Dr.H.Kröger über die Ausbildung von Staatsfunktionären).(Dem.Aufb.,1958, H.12,S.273-277)

Artzt,W.: Die Stellung des Menschen in der sozialistischen Produktion. (Betr.jur.Ausbildung). (Dem.Aufb.,1958, H.13/14,S.326-328)

Engelstädter,H.: Studium und Lehre des wissenschaftlichen Sozialismus und Kommunismus. (Hswesen, 1958, H.6, S.259-266)

Kienitz,E.: Wissenschaft und Religion. (Betr.Hochschullehrer) (Hswesen, 1958, H.6, S.267-270)

Kuznecov,K.T.(Kusnezow,K.T.): Die Doktordissertation von Karl Marx. (Vopr.fil.,1958, H.5, S.41-50)

Schulze,G.: Zur Überwindung des bürgerlichen Rechtsformalismus bei der Ausbildung von Staatsfunktionären. (Dem.Aufb.,1958,H.13/14, S.324-326)

Schulze,G.;O.Unger: Gedanken zum neuen Inhalt der Ausbildung von Staatsfunktionären. (St R, 1958, H.5/6, S.495-508)

Stiller,G.;T.Schönrath;R.Schüsseler: Vorschläge zur Gestaltung der Vorlesung über die Rolle der Arbeiter-und-Bauern-Macht in der DDR. (NJ, 1958, H.13/14, S.469-473)

Suslov,I.A.(Suslow,I.A.) u.a.: Über das neue Programm des Lehrganges des dialektischen und historischen Materialismus für Hochschulen. (Vopr.fil.,1958, H.6, S.157-160)

Walde,H.: Wir brauchen ein sozialistisches Hochschulrecht. (Hswesen, 1958, H.5, S.220-224)

B. BIBLIOGRAPHIE AUS ZEITSCHRIFTEN DER DEUTSCHEN BUNDESREPUBLIK

Diese Bibliographie enthält eine Auswahl einschlägiger Artikel aus folgenden Zeitschriften: 1)

AcP	= Archiv für die civilistische Praxis, Tübingen	1958,Bd 175,H.3
AG	= Der Arbeitgeber, Düsseldorf	1958,H.12-14
ArbuR	= Arbeit und Recht, Köln	1958,H.6-7
Arch.f.Krim.	= Archiv für Kriminologie, Lübeck	1958,Bd 121,H.5-6
AUSS.POL.	= Außenpolitik, Stuttgart	1958,H.6-7
Aussw.D.BB	= Außenwirtschaftsdienst des Betriebs-Beraters, Heidelberg	1958,H.6-7
AVö	= Archiv des Völkerrechts, Tübingen	1958,Bd 7,H.1-2
B	= Der Betrieb, Düsseldorf	1958,H.24-30
BB	= Der Betriebsberater, Heidelberg	1958,H.17-20
DNotZ	= Deutsche Notar-Zeitschrift, München, Berlin	1958,H.6-8
DÖV	= Die Öffentliche Verwaltung, Stuttgart .	1958,H.16-19
DRiZ	= Deutsche Richterzeitung, Köln,Berlin ..	1958,H.7-8
Dtsch.Z.gerichtl.Med.	= Deutsche Zeitschrift für die gesamte gerichtliche Medizin,Berlin ...	1958,Bd 47,H.1-2
DVBl.	= Deutsches Verwaltungsblatt, Köln,Berlin	1958,H.12-15
EA	= Europa-Archiv, Frankfurt/M.	1958,H.11-13
FamRZ	= Ehe und Familie im privaten und öffentlichen Recht, Bielefeld	1958,H.6-7
GAStr.	= Goltdammer's Archiv für Strafrecht, Hamburg	1958,H.7-8
Gew.Mon.H.	= Gewerkschaftliche Monatshefte, Köln ...	1958,H.7
GRUR	= Gewerblicher Rechtsschutz und Urheberrecht, Weinheim	1958,H.5-6
GRUR Ausl.	= Gewerblicher Rechtsschutz und Urheberrecht, Auslands- und Internationaler Teil, Weinheim	1958,H.5-7
IKPR	= Internationale Kriminalpolizeiliche Revue, Deutsche Ausgabe, Paris,Wiesbaden .	1957,H.112-113
JR	= Juristische Rundschau, Berlin	1958,H.6-7
JZ	= Juristenzeitung, Tübingen	1958,H.11-15
Krim.	= Kriminalistik, Zeitschrift f.d.gesamte kriminalistische Wissenschaft und Praxis, Hamburg	1958,H.7-8
Mbl.freiheitl.Wipol.	= Monatsblätter für freiheitliche Wirtschaftspolitik, Frankfurt/M.	1958,H.7-8
MDR	= Monatsschrift f.Deutsches Recht, Hamburg	1958,H.7-8

N.Abendl.	= Neues Abendland, Jahrbuch für Politik und Geschichte, München	1958,H.2
N.Gesellschaft	= Die Neue Gesellschaft,Bielefeld	1958,H.4
NJW	= Neue Juristische Wochenschrift, München .	1958,H.24-33
Polit.Studien	= Politische Studien,Monatshefte der Hochschule für Politische Wissenschaften, München	1958,H.99
RdA	= Recht der Arbeit, München, Berlin	1958,H.7-8
RdJ	= Recht der Jugend, Berlin	1958,H.12-15
RdL	= Recht der Landwirtschaft, Hamburg	1958,H.6-7
SchlHA	= Schleswig-Holsteinische Anzeigen, Kiel ..	1958,H.5,7
SCHM.JB.	= Schmollers Jahrbuch für Gesetzgebung, Verwaltung und Volkswirtschaft, Berlin ..	1958,H.3
SKV	= Staats- und Kommunalverwaltung, Berlin ..	1958,H.6-7
Soz.Sicherh.	= Soziale Sicherheit,Zeitschrift für Sozialpolitik, Köln	1958,H.7
TW	= Die Teilzahlungswirtschaft, Dortmund	1958,H.4
UFITA	= Archiv für Urheber-, Film-, Funk- und Theaterrecht, Baden-Baden....................	1958,Bd 25,H.9-10
Verw.Arch.	= Verwaltungsarchiv, Köln, Berlin	1958,H.3
Vjh.Zeitgesch.	= Vierteljahreshefte für Zeitgeschichte, Stuttgart	1958,H.2-3
Weltw.Arch.	= Weltwirtschaftliches Archiv,Zeitschrift d. Instituts f.Weltwirtschaft an der Universität Kiel, Hamburg	1958,Bd 80,H.2
WRP	= Wettbewerb in Recht und Praxis, Frankfurt/M.	1958,H.6-7
WuW	= Wirtschaft und Wettbewerb, Düsseldorf ...	1958,H.6
Z.ausl.öff.R.u.VR.	= Zeitschrift für ausländisches öffentliches Recht und Völkerrecht, Stuttgart,Köln	1958,Bd 18,H.4
Zbl.JugR	= Zentralblatt für Jugendrecht und Jugendwohlfahrt, Köln, Berlin	1958,H.6-7
ZHK	= Zeitschrift für das gesamte Handelsrecht und Konkursrecht, Stuttgart	1958,Bd 121,H.3
ZLR	= Zeitschrift für Luftrecht, Berlin,Köln ..	1958,Bd 7,H.3
ZMR	= Zeitschrift für Miet- und Raumrecht, Düsseldorf	1958,H.7
ZSR	= Zeitschrift für Sozialreform, Wiesbaden .	1958,H.6
ZSt	= Zeitschrift für die gesamte Staatswissenschaft, Tübingen	1958,Bd 114,H.2
ZStr.	= Zeitschrift für die gesamte Strafrechtswissenschaft, Berlin	1958,Bd 70,H.2
Z.St.Soz.	= Zeitschrift für Staatssoziologie, Darmstadt-Eberstadt	1958,H.2

ZV u.ZV = Zeitungs-Verlag und Zeitschriften-Verlag, Wiesbaden 1958,H.12-15

1) Die hier aufgeführten Hefte sind gemäß der Benutzungsordnung der Bibliothek des Deutschen Instituts für Rechtswissenschaft bedingt ausleihfähig.

1.Soziologie,allgemeine Staatslehre, Rechtsphilosophie [1]

Albert, H.: Marktsoziologie und Entscheidungslogik.(ZSt, 1958,Bd 114, H.2, S.269-296)

Arlt,F.: Wirtschaft und Begabtenförderung. (Polit.Studien,1958,H.99, S.467-472)

Bergstrasser,A.: Wissenschaftliche Politik in unserer Zeit. (Vjh.Zeitgesch., 1958, H.3, S.219-230)

Böventer,E.von: Die wirtschaftlichen Auswirkungen amerikanischer Rezessionen auf die übrige Welt. (ZSt, 1958,Bd 114, H.2, S.297-330)

Bruns,R.: Recht, Gesetz, Richterspruch. (JZ,1958, H.13,S.385-388) 10

Eichler,W.: Gedanken zu einem Grundsatzprogramm der SPD. (N.Gesellschaft, 1958, H.4, S.250-257)

Flöter,H.H.;G.Flöter-Stein: Der manipulierte Mensch und seine Freiheit. (N.Gesellschaft, 1958, H.4, S.268-281)

Harper,F.A.: Arbeitslose - so viel wir wollen...(T.1 u.2)(Betr. Krise-USA.) (Mbl.freiheitl.Wipol.,1958, H.7, S.404-411; H.8,S.473-480) 16

Heinemann,G.W.: Evangelische Kirche im geteilten Deutschland. (N.Gesellschaft, 1958,H.4, S.247-249)

Huber,H.: Einige Bemerkungen über die Rechts- und Staatslehre von Carl Schmitt. (JZ, 1958, H.11/12, S.341-343)

Huber,E.: Der Einfluß der öffentlichen Meinung auf die Beziehungen der Völker. (N.Gesellschaft, 1958, H.4, S.307-311) 3

Kühne,K.: Zweiter Krisenherd Europa? (Gew.Mon.H.,1958, H.7, S.398-404)

Osthold,E.A.: Macht oder Ohnmacht des Eigentums. (AG, 1958, H.13/14, S.418-420)

Salzmann,W.: Der Angestellte - vom Arbeiter überrundet? (Mbl.freiheitl.Wipol.,1958, H.8, S.481-483) 16

Sanmann,H.: Nationalökonomie als Sozialwissenschaft. Kritische Bemerkungen zur herrschenden ökonomischen Theorie.(SCHM.JB.,1958,H.3,S.35-58)

1) Die nach der Fundstelle eines Artikels angegebenen Zahlen verweisen auf die Bedeutung dieses Artikels auch für andere Fachgebiete entsprechend der hier zugrunde gelegten Systematik.

Spiegelhalter,F.: Der Lohn als Faktor der Preisbewegung.(T.1). (AG, 1958,H.13/14, S.421-428)

Stammer,O.: Die Freiheit des Menschen in der industriellen Gesellschaft. (N.Gesellschaft, 1958,H.4, S.258-267)

Ungern-Sternberg, R.von: Die sozial-biologische Aufgabe der Frau. (SCHM.JB.,1958, H.3, S.81-93)

Vaerting,M.T.: Die Expansion des Staates und das Individuum in seinem wirtschaftlichen und biologischen Bereich.(Z.St.soz.,1958,H.2, S.1-11)

Vaerting,M.T.: Der Staat löst sich auf? (Z.St.soz.,1958,H.2,S.11-20)

Vöchting,F.: Die italienische Südfrage.(ZSt,1958,Bd 114,H.2,S.193-251)

Wickel,H.: Alfred Weber.(Betr.Mitbestimmung).(Gew.Mon.H.,1958,H.7, S.392-394)

2.Staats-und Rechtsgeschichte

Brügel,J.W.: Das Schicksal der Strafbestimmungen des Versailler Vertrags. (Vjh.Zeitgesch.,1958,H.3,S.263-270) 7

Der Generalplan Ost. (Mit Dok.). (Vjh.Zeitgesch.,1958,H.3,S.281-325)

Hoffmann,E.: Betriebliche Berufsausbildung in rechtsgeschichtlicher Sicht. (RdJ, 1958,H.15, S.229-232) 16

Menczer,B.: Der Niedergang des monarchistischen Europa.(N.Abendl., 1958, H.2, S.127-142)

Niedermayer, F.: Karl V. in spanischer Sicht.(N.Abendl.,1958,H.2, S.157-163)

Oertzen,P.von: Die großen Streiks der Ruhrbergarbeiterschaft im Frühjahr 1919. (Vjh.Zeitgesch.,1958,H.3, S.231-262)

Österreich,O.von: Der Kaiser.(Betr.: Karl V.).(N.Abendl.,1958, H.2, S.99-109)

Pikart,E.: Preußische Beamtenpolitik 1918-1933.(Vjh.Zeitgesch.,1958, H.2, S.119-137)

Woodhouse,C.M.: Zur Geschichte der Resistance in Griechenland. (Vjh.Zeitgesch.,1958, H.2, S.138-150)

3.Völkerrecht und Außenpolitik

Becher,G.: Einige Anmerkungen zum Tokioter Entwurf eines Abkommens zur Vereinheitlichung von Regeln über die von einem anderen als dem vertraglichen Luftfrachtführer ausgeführte internationale Luftbeförderung. (ZIR,1958, Bd 7,H.3, S.313-321) 12

Bernhardt,R.: Völkerrechtliche Bindungen in den Vorstadien des Vertragsschlusses. (Z.ausl.öff.R.u.VR.,1958,Bd 18,H.4,S.652-690)

Bodenhausen,G.H.C.: Der EWG-Vertrag und der gewerbliche Rechtsschutz. (GRUR Ausl.,1958, H.5, S.218-224) 11

Boehmer,G.von: Das technische Hilfsprogramm der Vereinten Nationen. (AUSS.POL.,1958,H.7, S.446-450)

Breitner,F.: Einige Aspekte der überstaatlichen europäischen Gerichtsbarkeit. (MDR, 1958, H.7, S.472-474) 9

Brüel,E.: Die völkerrechtliche Stellung des Suezkanals und die Nationalisierung der Kanalgesellschaft. (AVö,1958, Bd 7,H.1/2,S.24-67) 4

Federer,G.: Diplomatie in der modernen Welt.(Polit.Studien,1958,H.99, S.460-466)

Gotzen,M.: Gewerblicher Rechtsschutz und Gemeinsamer Markt. (GRUR Ausl.,1958, H.5, S.224-229) 11

Grubbe,P.: Commonwealth zwischen Ost und West.(AUSS.POL.,1958,H.6, S.358-362)

Gurski: Die Behandlung österreichischer Forderungen nach dem deutsch-österreichischen Vermögensvertrag.(Aussw.D.BB, 1958, H.7, S.140-143) 6

Hahn,H.J.: Internationale Kontrollen. (AVö, 1958,Bd 7, H.1/2,S.88-112)

Hevesy,P.von: Reform der Vereinten Nationen. (AUSS.POL.,1958,H.7, S.441-446)

Hillekamps,C.H.: Der neue Start Deutschlands in Argentinien. (Betr. Eigentum). (AUSS.POL.,1958, H.7, S.461-469)

Jonas,F.: Europa und Wien.(Betr. Wien als Sitz internationaler Behörden). (AUSS.POL.,1958,H.7, S.418-420)

Kunzmann,K.H.: Aktuelle Vorschläge für eine Friedenstruppe der Vereinten Nationen. (EA,1958, H.12, S.10811-10826)

Lach,D.F.: Die amerikanische Formosapolitik seit 1950.(Vjh,Zeitgesch., 1958, H.2, S.131-164)

Lachs,M.: Kollektive Sicherheit, Abrüstung - Teillösungen.(NJW,1958, H.28, S.1017-1020)

Leibholz,G.: "Aggression" im Völkerrecht und im Bereich ideologischer Auseinandersetzung. (Vjh.Zeitgesch.,1958, H.2, S.165-171) 1

Mayer-Wegelin,H.: Gewerblicher Rechtsschutz und österreichischer Staatsvertrag. (Aussw.D.BB, 1958, H.6, S.116-119) 11

Reid,E.: Die Revolution in der kanadischen Außenpolitik 1947-1951. (AUSS.POL.,1958, H.7, S.421-429)

Sänger,E.: Militärische Bedeutung der Raumfahrt.(AUSS.POL.,1958, H.7, S.433-441)

Schlotterbeck,R.: Die Lizenzgebühren in der Brüsseler Zollwert-Konvention.(Aussw.D.BB, 1958,H.7, S.138-140) 6

Schröder-Brzosniowsky,I.: Der Stand der wirtschaftlichen Integration Europas im Sommer 1958. (Gew.Mon.H.,1958, H.7, S,432-436)

Schröcker: Das vertragswidrige Gesetz. (T.2).(DVBl.,1958,H.12, S.410-418) 4

Shaw,P.: Neue Form internationaler Demokratie. (Betr.Colombo-Plan) (AUSS.POL.,1958,H.6, S.350-357)

Spengler,A.: Die Behandlung des gewerblichen Rechtsschutzes im Rahmen des EWG-Vertrags. (GRUR Ausl.,1958,H.7, S.321-331) 11

Steinberg,K.: Das Problem der Inder in der Südafrikanischen Union. (AVö, 1958,Bd 7, H.1/2, S.68-87)

Steinberger,H.: Völkerrechtliche Praxis der Bundesrepublik Deutschland im Jahre 1956. (Z.ausl.öff.R.u.VR.,1958, Bd 18, H.4,S.691-763)

Steinitz,H.: Antarktis: Niemandsland, Kolonie oder "Internationale Republik"? (AUSS.POL.,1958, H.7, S.454-461)

Ullmann, P.: Zum Begriff "Staatssouveränität".(AUSS.POL.,1958,H.7, S.450-454)

Verdross,A.: Die Sicherung von ausländischen Privatrechten aus Abkommen zur wirtschaftlichen Entwicklung mit Schiedsklauseln. (Z.ausl.öff.R.u.VR., 1958, Bd 18,H.4, S.635-651)

4.Staatsrecht

Abendroth,W.: Demokratische Wachsamkeit tut not! (Betr.Volksbefragung).(Gew.Mon.H., 1958,H.7, S.395-397)

Bachof,O.: Zum Apothekenurteil des Bundesverfassungsgericht. (JZ,1958, H.15, S.468-471) 5

Böning,W.: Die Problematik der Transformationskompetenz,(Erwiderung auf W.Heckt in DÖV,1958,H.17/18, S.445-447)(DÖV,1958,H.17/18,S.447-448) 3

Bourgoiba,H.: De Gaulle und die afrikanische Revolution.(EA,1958, H.13, S.10898-10902)

Danckelmann: Verfassungswidrigkeit des derzeitigen Außenhandelsrechts? (NJW,1958, H.32, S.1209-1212) 3

Dietl,L.: Noch einmal: Die Aufnahme im Sinne des Art.116 Abs.1 GG. (Antwort auf die Erwiderung Rheinwald in DÖV 1957, 877). (DÖV,1958,H.16, S.410-412)

Dorn,W.L.: Zur Entstehungsgeschichte des Landes Hessen.(engl.) (Vjh,Zeitgesch.,1958,H.2, S.191-196)

Franzel,E.: Konservative Staatskunst. (N.Abendl.,1958,H.2,S.143-156)

Götz,H.: Die Zuständigkeit für normative Entscheidungen über schicksalbestimmende Fragen in der Bundesrepublik.(Betr.Volksbefragung). (NJW,1958, H.28, S.1020-1025)

Gor'issen,E.M.: Grösse und Zerrissenheit in Frankreich.(AUSS.POL., 1958,H.6,S.362-369)

Gossrau,E.: Ist die Strafgewalt und die Bußgeldkompetenz von Verwaltungsbehörden mit Art.92 GG vereinbar? (NJW,1958, H.25, S.929-932)

Grebing,H.: Die Konservativen und Christlichen seit 1918. (Polit.Studien, 1958, H.99, S.482-491)

Hamann,A.: Zur Frage eines Ausnahme- oder Staatsnotstandsrechts. (DVBl., 1958, H.12, S.405-410)

Heckt,W.: Die Transformation von Verträgen des Bundes über Gegenstände der ausschließlichen Landesgesetzgebung.(DÖV,1958,H.17/18, S.445-447) 3

Henze,L.: Absolutes Mandat der Volksvertretung? (N.Gesellschaft, 1958, H.4, S.292-294)

Jung,H.: Die Behandlung requirierter Grundstücke nach dem Landbeschaffungsgesetz. (DVBl.,1958, H.13, S.456-462)

Kipp,H.: Der Wissenschaftsrat. (DÖV,1958,H.19, S.490-493)

Krauss,G.: Zwangszivilehe und Bonner Grundgesetz.(FamRZ, 1958,H.7, S.259-263) 14

Krüger,H.: Synchronisierte Wahlen. (Betr.Bundestag-Landtag). (NJW,1958, H.33/34, S.1274-1276)

Lerche,P.: Grundrechtsbegrenzungen"durch Gesetz" im Wandel des Verfassungsbildes. (DVBl.,1958,H.15, S.524-534)

Loos,G.: Rechtsfolgen der Enteignung deutscher Inhaber von Anteilen an österreichischen juristischen Personen mit Vermögen in Deutschland. (Aussw.D.BB, 1958,H.6, S.110-116) 3

Meunier,L.: Frankreich zwischen Legende und Wirklichkeit. (N.Gesellschaft,1958,H.4, S.303-307)

Nipperdey,H.C.: Boykott und freie Meinungsäußerung.(DVBl.,1958,H.13, S.445-452)

Obermayer: Über die zwei Arten von Volksabstimmungen.(NJW,1958,H.31, S.1174-1176)

Plaum,W.: Inkompatibilitätsprobleme bei der Bildung bzw.Umbildung der Bundesregierung. (DVBl.,1958, H.13, S.452-456)

Schröer,L.: Finden die Vorschriften in § 839 BGB und Art.34 GG auf Pflichtverletzungen kirchlicher Beamter Anwendung? (JZ,1958,H.14, S.422-426)

Schütze,G.: Frankreich zwischen Staatsstreich und Staatsreform. (EA, 1958, H.13, S.10833-10897)

Schwind,F.: Eherechtliche Probleme des österreichischen Konkordats. (FamRZ, 1958, H.7, S.263-266) 14

Thode,H.H.: Kirchenordnungen der Evangelisch-lutherischen Landeskirche Schleswig-Holsteins: 1542, 1922, 1958.(SchlHA, 1958, H.7, S.191-194)

Wertenbruch: Der Grundrechtsbegriff und Art. 2 Abs. 1 GG.(DVBl.,1958, H.14, S.481-486)

Wiesend,H.: Zur Frage der Nichtigkeit von Vorschriften des Hebammenrechts wegen Verstoßes gegen das Grundgesetz. (DVBl.,1958,H.14,S.494-495)

5.Verwaltungsrecht und Verwaltungsgerichtsverfahren

Baade,H.W.: Ist ein unter Drohung zustandegekommener Verwaltungsakt anfechtbar oder nichtig? (T.2).(SchlHA, 1958, H.5, S.133-135)

Becker, W.: Spielsucht als Jugendschutzproblem. (Zbl.JugR,1958,H.6, S.125-128)

Becker,W.: Polizei und Jugendschutz. Rechtsgrundlagen für die polizeiliche Tätigkeit im Jugendschutz. (RdJ, 1958, H.13,S.193-195)

Berkefeld,W.: Die totalen Verwalter. (N.Gesellschaft,1958, H.4, S.282-289)

Bleckmann,A.: Das schutzwürdige Interesse als Bedingung der Klagebefugnis am Beispiel des französischen Verwaltungsrechts.(VerwArch, 1958, H.3, S.213-231)

Bohne: Der Stand der Jugendhilfe und der Jugendverbände in Lübeck und Vorschläge zur Verbesserung der Jugendhilfe gemäß § 1 RJWG. (T.1). (Zbl.JugR, 1958, H.7, S.162-167)

Bossung,O.: Die Rechtsnatur der Patenterteilung.(GRUR,Ausl.1958,H.6, S.286-293) 9,11

Claussen, H.: Der Entwurf des AFET zur Neufassung von Abschnitt VI des RJWG. (Zbl.JugR, 1958,H.6, S.129-137)

Debatin,O.: Das Fordern ist des Bürgers Lust.(Betr.Schulen). (Mbl.freiheitl.Wipol.,1958, H.8, S.464-467)

Droste,K.: Unlauterer Wettbewerb und Polizei.(WRP,1958, H.6,S.166-171) 12

Ewald,H.: Bundeskartellamt und Kartellgesetz.(WuW,1958, H.6, S.317-325) 12

Geib,E.: Die kommunale Besoldung in Schleswig-Holstein.(SKV,1958, H.7, S.151-153)

Groeben,v.d.;Thierfelder,H.: Mitwirkung von Ausschüssen in der staatlichen Verwaltung.(VerwArch,1958, H.3,S.231-265)

Haueisen:Verwaltungsakte mit Dauerwirkung. (NJW,1958, H.29, S.1065-1069)

Higy,C.: Ausschüsse in der schweizerischen Bundesverwaltung.(VerwArch, 1958, H.3,S.265-271)

Huhs,H.: Öffentliche Bekanntmachungen nach der Gemeindeordnung für das Land Nordrhein-Westfalen. (SKV,1958, H.6, S.123-126)

Johnen:Einnahmen aus Hilfeleistungen der Feuerwehren.(SKV,1958,H.6, S.130-132) 6

Lübbert,W.: Zur Frage des Klagerechts des Bezirksfürsorgeverbandes gegen Entscheidungen des Beirats bei der Hauptfürsorgestelle. (DÖV, 1958, H.19, S.496-498)

Menger,Ch.F.: Höchstrichterliche Rechtsprechung zum Verwaltungsrecht. (VerwArch,1958, H.3, S.272-283)

Müller-Heidelberg: Gedanken zur Niedersächsischen Landkreisordnung vom 31.März 1958. (SKV,1958, H.6, S.121-123)

Nieder,H.: Berufsaufklärung erübrigt einseitige Nachwuchswerbung. (RdJ,1958, H.15,S.227-229) 16

Nüse,K.H.: Verbraucherschutz nach dem geltenden und kommenden Lebensmittelrecht. (JR,1958, H.7, S.241-245)

Obermayer,K.: Die baurechtliche Behandlung öffentlicher Bauten. (DVBl.,1958, H.12, S.419-422)

Pentz,A.: Die neuen Haftungsbestimmungen des Beamtenrechtsrahmengesetzes und des Bundesbeamtengesetzes. (DÖV,1958, H.19, S.493-496)

Pentz,A.: Umfang und Höhe der auf den Dienstherrn übergehenden Schadenersatzansprüche des Beamten. (NJW,1958, H.29, S.1069-1074)

Raisch,P.;G.Straimer: Zum künftigen Strahlenschutzgesetz in der Bundesrepublik. (BB,1958, H.18, S.637-641)

Rehmert,F.G.: Verwaltungsgerichtliche Probleme des Schülerrechts. (DÖV,1958, H.17/18, S.437-445)

Ruppert,E.: Begriff und Wesen der Selbstverwaltung.(SKV, 1958,H.7, S.157-158)

Schäfer,H.J.: Neues Besoldungsrecht in Nordrhein-Westfalen.(SKV,1958, H.7, S.147-151)

Schütz,E.: Der Widerruf gesetzwidriger begünstigender Verwaltungsakte. (DÖV, 1958,H.17/18, S.449-452)

Seeger,W.: Die Berufsordnungen der Heilberufe. (DVBl.,1958, H.14, S.487-491)

Sicot,M.: Gefundene Sachen. (IKPR.,1957, H.112,S.280-285)

Ule:Karl Bönninger u.a.: Das Verwaltungsrecht der Deutschen Demokratischen Republik. Allgemeiner Teil.(Berlin 1957, 325 S.;Rez.) (VerwArch,1958, H.3, S.285-291)

Die neue Ausrüstung der Verkehrspolizei der französischen Surete Nationale. (IKPR, 1958,H.113, S.334-339)

Weimar,W.: Die Haftpflicht im Verkehr. (SKV,1958, H.6,S.134-135) 10

Weimar,W.: Die Haftung bei Dienstfahrten.(SKV,1958,H.7,S.160,162-163) 10

Wenzel,H.: Neuordnung des Laufbahnrechts in Nordrhein-Westfalen. (SKV,1958, H.7, S.154-157)

Werner: Zur Lage des Schulverwaltungsrechts. (DÖV,1958, H.17/18, S.433-437)

Werner: Neuordnung der Verwaltungsgerichtsbarkeit in Baden-Württemberg. (DVBl.,1958, H.15,S.534-537)

Wiethaup,H.: Einsichtnahme in Behördenakten außerhalb eines Verwaltungsgerichtsverfahrens. (MDR,1958, H.7, S.474-476)

Zimmermann: Grenzen der Anliegerpflicht zur Straßenreinigung. (SKV, 1958, H.6, S.126-129)

6.Finanz-,Steuer-u.Preisrecht (einschließlich Finanzgerichtsverfahren)

Bach, G.: Die Haftung des Treuhänders für Steuern.(MDR, 1958,H.8, S.562-564)

Barth,K.: Zur Kostenerstattung in eigener Sache im Rahmen des Steuerrechtsstreites. (BB,1958, H.18,S.662-664)

Boesler,F.: Finanzgeographie. Aussagemöglichkeiten der Finanzforschung für Erkenntnis und Gestaltung der regionalen Wirtschafts- und Verwaltungsstruktur. (DÖV, 1958,H.16, S.407-410) 5

Breimann: Der Verlustabzug im Gewerbesteuerrecht.(NJW,1958,H.30, S.1126-1128)

Der Bundesetat 1958. (AG,1958, H.13/14, S.415-418)

Dressler, Ch.: Das Gleichberechtigungsgesetz und seine steuerlichen Auswirkungen. (B,1958, H.24, S.664-668)

Ebsen,G.: Das Kirchensteuerrecht in Schleswig-Holstein nach dem Kieler Staats-Kirchen-Vertrag.(SchlHA, 1958,H.7, S.194-199)

Die wichtigsten Änderungen des Einkommensteuergesetzes durch das Steuerreformgesetz. (BB,1958, H.18, S.654-656)

Fließbach,W.: Zur rechtlichen Notwendigkeit der gerichtlichen Überprüfung von Beschwerdeentscheidungen der Oberfinanzdirektionen im Verwaltungssteuerstrafverfahren. (B,1958, H.26, S.720-723)

Gatz,W.: Zur Frage der westdeutschen Einfuhrelastizitäten. (Weltw.Arch.,1958, Bd 80,H.2, S.309-345)

Gotzen,O.: Ruhegeldanspruch und Vorbehalt.(Rückwirkungen des Arbeitsrechts auf das Steuerrecht).(AG,1958, H.12,S.389-393) 16

Henn,G.: Die rechtsgeschäftliche Zulässigkeit von Wertsicherungsklauseln. (MDR,1958, H.7, S.461-465) 10

Hillert,A.: Mieten und Pachten bei der Gewerbesteuer.Bemerkungen zu einer Gewerbesteuerreform. (BB,1958, H.19, S.697-699)

Hoffmann,F.: Der "Mantel"-Kauf in der Rechtsprechung des Bundesfinanzhofes. (B,1958, H.29/30, S.811-812)

Janberg,H.: Zum 10.Geburtstag der Deutschen Mark. (B,1958,H.24,S.661-663)

Kolbe,K.: Angstpsychosen wegen Fixkosten und Zahlungsschwierigkeiten. (B,1958, H.29/30, S.805-808)

Längsfeld,H.: Einzelfragen zur Steuervergünstigung der erhöhten Absetzungen für Wohngebäude. (BB,1958, H.20, S.731-736)

Längsfeld,H.u.a.: Das Gesetz zur Änderung steuerlicher Vorschriften auf dem Gebiet der Steuern vom Einkommen und Ertrag des Verfahrensrechts. (B, 1958,H.28, S.773-786)

Lind-Gapp, O.: Die Reichsabgabenordnung in Österreich.(DÖV,1958, H.19, S.484-490)

Meyer,F.W.: Spar-Tugend läßt sich nicht erzwingen.(Mbl.freiheitl.Wipol.,1958, H.7, S.412-414)

Müller,E.: Kapitalerhöhung und berücksichtigungsfähige Ausschüttung einer GmbH. (B,1958, H.27, S.750-751)

Neuburger,A.: Die Reform der Einkommen- und Körperschaftssteuer. (BB,1958, H.19, S.673-675)

Ostendorf: Weitere Durchführungsvorschriften zur Vermögensabgabe (22. Abgaben DV-LA). (B,1958, H.29/30, S.812-815)

Oswald: Anrechnung ausländischer Erbschaftssteuer.(DNotZ,1958,H.6, S.304-306)

Pater,K.;W.Pankalla: Zur Teilwertermittlung nach den Vermögensteuer-Ergänzungsrichtlinien 1957. (BB,1958, H.17, S.623-625)

Roquette, H.: Werkförderungsverträge. (MDR, 1958,H.7,S.465-468) 10

Schlotterbeck,R.: Einkaufsprovisionen und Zollwert.(Aussw.D.BB,1958, H.6, S.120-121)

Sönksen,H.: Die Aussetzung einer Forderungspfändung im Verwaltungszwangsverfahren der Finanzämter.(MDR,1958, H.8, S.560-561)

Theis,J.: Neue Tatsache und Folgewirkung bei der Ehegattenbesteuerung. (B,1958, H.25, S.692-694)

Theis,J.: Umwandlung nach dem Umwandlungssteuergesetz und Veräußerung des übertragenen Vermögens oder Übernahme ins Privatvermögen. (B, 1958, H.27, S.748-749)

Timm, H.: Der Zahlungsbilanzausgleich bei beweglichem Zins. (Weltw.Arch.,1958, Bd 80,H.2, S.278-308)

Troll: Die Zugewinngemeinschaft bei der Erbschaftssteuer.(BB,1958,H.19, S.695-696)

Vogel,K.: Kammerbeitrag und Finanzverfassung. (DVBl.,1958, H.14, S.491-493) 4

7.Strafrecht,Strafprozeß

Amelunxen: Strafrechtliche Reformbestrebungen der Gegenwart.(Krim., 1958, H.7, S.253-256)

Amelunxen: Strafrechtliche Reformbestrebungen. (Krim.,1958,H.8,S.297-299)

Baumann,J.: Die Auflagenkataloge im Strafrecht.(GAStr.,1958,H.7, S.193-204)

Baumann,J.: Kritische Gedanken zur Beseitigung der erfolgsqualifizierten Delikte. (ZStr.,1958, Bd 70, H.2, S.227-244)

Bertling,G.: Die Bekämpfung der Konkursverschleppung bei zahlungsunfähigen GmbH's. (Krim.,1958,H.8, S.333-334)

Brückner,E.;M.Schmidt: Grabschändungen in der Bundesrepublik.(Krim., 1958, H.8, S.328-330)

Bruns,H.J.: Faktische Betrachtungsweise und Organhaftung.(JZ,1958, H.15, S.461-464)

Bruns,H.J.: Wann beginnt die Verfolgungsverjährung beim unbewußt fahrlässigen Erfolgsdelikt? (NJW,1958, H.33/34, S.1257-1262)

Dahs: Das kommende Strafgesetzbuch. (NJW, 1958, H.31, S.1161-1166)

Dallinger,W.: Aus der Rechtsprechung des Bundesgerichtshofes in Strafsachen. (MDR, 1958, H.8, S.564-567)

Donati, A.;C.Spagnolo: Zwei Beiträge zum Studium des Alkoholismus. (IKPR, 1957,H.112, S.286-294) 1

Engelhardt, H.: Das Lebensrecht des Nasciturus und das Verbot der Schwangerschaftsunterbrechung. (FamRZ, 1958,H.7, S.266-270)

Feldmann: Das Tonband als Beweismittel im Strafprozeß.(NJW, 1958, H.31, S.1166-1169)

Gossrau,E.: Unterlassen der Zeugenbelehrung als Revisionsgrund. (MDR, 1958, H.7, S.468-470)

Graßberger, R.: Kriminologie des Verkehrsunfalls.(T.1 u.2).(Krim., 1958, H.7, S.256-259; H.8, S.303-305)

Höschle, R.: Der "modus operandi" in geschichtlicher Sicht.(Zum Begriff der Bande). (Krim.,1958,H.7, S.286-288)

Holle,R.: Die Kriminalität in der Bundesrepublik Deutschland im Jahre 1957. (Krim.,1958, H.7, S.260-265)

Horrow, M.: Vorbeugende freiheitsbeschränkende Maßnahmen im neuen österreichischen Strafgesetzentwurf.(Arch.f.Krim.,1958, Bd 121, H.5/6, S.171-174)

Jugendrechtlich bedeutsame Bestimmungen in der neuen Anordnung über Mitteilungen in Strafsachen (Bericht). (RdJ, 1958,H.13, S.202-204)

Kappe,W.: Überschreitung der amtsgerichtlichen Strafgewalt durch das Berufungsgericht. (JR,1958, H.6, S.209-214) 2

Kluthe,H.A.: Mißbrauch der Pressefreiheit führt zur Unterdrückung. (Ansprache von Präsident H.A.Kluthe vor den südwestdeutschen Zeitungsverlegern.)(ZV u.ZV, 1958,H.14, S.536-537)

Kohlhaas: Zum Zeugnisverweigerungsrecht der Journalisten.(ZV u.ZV, 1958, H.14, S.552-553)

Kohlhaas, M.: Der Irrtum über das Vorliegen oder Nichtvorliegen von persönlichen Strafausschließungsgründungen.(ZStr.,1958,Bd 70,H.2, S.217-226)

Löffler: Der Zeugniszwang gegen Presse und Rundfunk.(NJW,1958,H.32, S.1215-1219)

Löffler: Der Kampf um das Berufsgeheimnis der Presse.(ZV u.ZV,1958, H.14, S.533-535)

Loesch,A.F.: Die Hessischen Richtlinien für den Bericht der Jugendgerichtshilfe. (RdJ, 1958, H.13, S.196-198)

Lüttger, H.: Der Nachweis der Verfassungswidrigkeit einer Vereinigung oder einer Partei im Strafverfahren. (GAStr.,1958,H.8, S.225-240) 4

Maihofer, W.: Zur Systematik der Fahrlässigkeit.(ZStr.,1958, Bd 70, H.2, S.159-195)

Middendorff,W.: Jugendkriminalität und Jugendgerichtsbarkeit in Mexiko. (RdJ,1958, H.14, S.217-220)

Mittelbach,H.: Zur Problematik des § 17 Ob StGB.(MDR,1958,H.7,S.470-472)

Müller,H.L.: Strömungen der modernen Kriminologie.(Krim.,1958,H.8, S.300-303)

Nowakowski, F.: Zu Welzels Lehre von der Fahrlässigkeit.(T.1 u.2) (JZ,1958, H.11/12, S.335-341; H.13, S.388-394)

Önder,A.: Die Entwicklung und Rezeption des Straf-und Strafverfahrensrechts in der Türkei. (ZStr.,1958, Bd 70, H.2, S.313-321)

Parigger,K.G.: Das Verkehrszentralregister in der Praxis der Strafgerichte. (SchlHA, 1958, H.5, S.129-133)

Philippides, T.G.: Der Einfluß der deutschen Strafrechtswissenschaft in Griechenland. (ZStr.,1958, Bd 70, H.2,S.291-312)

Potrykus, G.: Noch einmal: Die hessischen Richtlinien für den Bericht der Jugendgerichtshilfe.(RdJ, 1958, H.14, S.210-212)

Roesen,A.: Die Stellung des Vorsitzenden in der Hauptverhandlung. (NJW, 1958, H.27, S.977-979)

Schalscha,E.: Winke für den Strafrichter. (DRiZ, 1958,H.7,S.193-195)

Scheyhing, R.: Verfahrensrechtliche Fragen zum Vereinsstrafrecht. (JZ, 1958,H.11/12, S.343-345)

Schnitzerling, M.: Die Rechtsprechung zum Muntbruch.(RdJ,1958,H.14, S.209-210)

Schröder, H.: Der subjektive Tatbestand des § 330a StGB.(DRiZ,1958, H.8, S.219-223)

Seibert,C.: Zur Mitaufhebung der Feststellungen (§ 353 Abs.2 StPO). (NJW, 1958,H.29, S.1076-1078)

Simson,G.: Straftaten an Bord schwedischer Luftfahrzeuge.(ZLR,1958, Bd 7, H.3, S.322-324)

Steinemann,K.: Erlebnisüberlastung als Ursache der Straffälligkeit bei Jugendlichen und Heranwachsenden. (Zbl.JugR, 1958, H.7, S.153-160)

Stettner,H.: Die strafrechtliche Problematik der körperlichen Züchtigung. (T.2-5).(RdJ,1958, H.12,S.183-187; H.13,S.199-202; H.14, S.212-217; H.15, S.232-235)

Wagner: Probleme des § 153 c StPO.(Betr.Tätige Reue).(GAStr.,1958, H.7, S.204-212)

Wimmer, A.: Die Fahrlässigkeit beim Verletzungsdelikt.(ZStr.,1958, Bd 70, H.2, S.196-216)

8.Kriminalistik,Gerichtliche Medizin, Gerichtspsychiatrie,-psychologie

Berg,S.;W.Specht: Untersuchungen zur Bestimmung der Liegezeit von Skeletteilen. (Dtsch.Z.gerichtl.Med.,1958, Bd 47,H.2,S.209-241)

Chaumont, A.J.;E.Weil: Die neue französische Gesetzgebung der obligatorischen Blutalkoholprobe bei Verbrechen, Vergehen und Verkehrsunfällen. (Dtsch.Z.gerichtl.Med.,1958, Bd 47,H.2, S.295-302)

Fazekas,I.Gy.; L.Kovács; B.Rengel: Postmortale Veränderung der Blutätherkonzentration in übernarkotisierten Hunden.(Dtsch.Z.gerichtl. Med.,1958, Bd 47,H.2, S.260-270)

Forster, B.: Elektronystagmographische Untersuchungen über den Drehbeschleunigungsnystagmus nach Alkoholangaben.(Dtsch.Z.gerichtl.Med., 1958, Bd 47, H.4, S.282-288)

Grüner,O.; H.Sattler: Untersuchungen über den Einfluß orthostatisch bedingter Blut- und Wasserverschiebungen auf den Verlauf der Blutalkoholkurve. (Dtsch.Z.gerichtl.Med.,1958, Bd 47,H.2,S.276-281)

Haas,J.: Ein Beitrag zur System- und Altersbestimmung von Maschinenschriften. (Arch.f.Krim.,1958, Bd 121, H.5/6, S.126-142)

Klein, H.: Die gerichtsmedizinische Diagnose des Stromtodes. Mit Berücksichtigung der Rekonstruktion. (Dtsch.Z.gerichtl.Med.,1958,Bd 47, H.1, S.29-54)

Koeppen, S.: Erkrankungen des Herzens und des Nervensystems nach elektrischen Unfällen. (Dtsch.Z.gerichtl.Med.,1958, H.1, Bd 47, S.55-68)

Laves, W.: Der plötzliche Herztod im Straßenverkehr (Röntgenologische Untersuchungen).(Dtsch.Z.gerichtl.Med.,1958, Bd 47,H.2,S.303-308)

Martin, E.: Zum Problem der vergleichenden Haaruntersuchung. (IKPR, 1957,H.112, S.303-305)

Neudert,G.: Merkwürdige Beschädigung eines Pkw-Reifens.(Krim.,1958, H.7, S.280-282)

Neugebauer, W,: Zur forensich-psychiatrischen Beurteilung der Kindestötung. (Arch.f.Krim.,1958, Bd 121, H.5/6, S.155-168) 7

Oehlinger, S.: Der "Tatort-Photokompaß".(Krim.,1958, H.8, S.322-324)

Patscheider, H.: Föhn und Selbstmord.(Dtsch.Z.gerichtl.Med.,1958, Bd 47,H.2, S.271-275)

Rauschke, J.: Medizinische Gesichtspunkte für die strafrechtliche Beurteilung erfolgsqualifizierter Delikte nach § 56 StGB. (Dtsch.Z.gerichtl.Med.,1958, Bd 47, H.2, S.242-245) 7

Schaefer,H.: Die Einwirkung des elektrischen Stromes auf wichtige innere Organe. (Dtsch.Z.gerichtl.Med., 1958,Bd 47,H.1, S.5-28)

Scheibe, E.: Zum Problem des Codein-Mißbrauches.(Dtsch.Z.gerichtl. Med.,1958,Bd 47, H.2, S.246-259)

Schmidt,O.; R.Manz: Fehler und Streuungen des Widmark-Verfahrens beim Nachweis von Äthylalkohol. (Dtsch.Z.gerichtl.Med., 1958,Bd 47,H.2, S.309-331)

Stedry,W.: Staubspuren von Profilschuhsohlen und ihre Auswertung. (Krim.,1958, H.8, S.324-326)

9.Gerichtsverfassung(einschließlich Justizverwaltung, Staatsanwaltschaft,Notariat und Anwaltschaft)

Bockelmann: Entspricht die Zuständigkeitsordnung im Strafprozeß dem Grundgesetz? (NJW,1958,H.24, S.889-891) 7,4

Dünnebier, H.: Die Grenzen der Dienstaufsicht gegenüber der Staatsanwaltschaft. (JZ, 1958, H.14,S.417-422)

Erdsiek: Um die Freiheit des Richters. (DRiZ, 1958, H.7,S.185-189)

Hofmeister: Die Stellung des Staatsanwalts. (DRiZ, 1958,H.7,S.189-191)

Luther, G.: Der Oberste Richterrat in Italien.(DRiZ, 1958, H.7,S. 195-196)

Die Rechtspflege im Spiegel des Bundestages. (DRiZ, 1958,H.8,S.226-229)

Die Stellungnahme der Bundesregierung zu den Beschlüssen des Bundesrates zum Entwurf des Richtergesetzes. (DRiZ,1958, H.8, S.209-210)

Röhl,H.: Das rechtliche Gehör. (NJW,1958, H.33/34, S.1268-1274) 4

Schmidt-Räntsch, G.: Der Richtergesetzentwurf vor der ersten Lesung im Bundestag. (DRiZ, 1958,H.8,S.210-215)

Schmidt-Räntsch, G.: Gegenstand, Sinn und Grenzen des Beratungsgeheimnisses. (JZ, 1958,H.11/12, S.329-335)

Siegert,K.: Nachprüfung der Besetzung von Kollegialgerichten in der Revisionsinstanz. (DRiZ, 1958,H.7, S.191-193)

Vöge: Gefahr für die Unabhängigkeit.(Zum Bundesgesetzentwurf eines Richtergesetzes). (NJW, 1958,H.28, S.1028-1029)

"Vorwegmaßnahmen" im Bereich der Zivilgerichtsbarkeit, Strafgerichtsbarkeit und Gerichtsverfassung. (DRiZ,1958, H.7,S.196-199)

Wilkens,C,: Das Gerichtswesen auf Helgoland. (SchlHA,1958,H.7,S.189-191).

10.Zivilrecht

Das Abzahlungsgeschäft und seine gesetzliche Regelung im Spiegel der Rechtsordnungen verschiedener europäischer Länder.(T.1)(TW,1958,H.4, S.118-122)

Baur,F.: "Nutzungen" eines Unternehmens bei Anordnung von Vorerbschaft und Testamentvollstreckung. (JZ,1958, H.15, S.465-468)

Baur,F.: Die Rechtsprechung des Bundesgerichtshofs in Zivilsachen. (T.1.2 u.3) (JZ,1958, H.11/12, S.352-356; H.13,S.397-399; H.14, S.431-433)

Clauß,K.: Faktische Vertragsverhältnisse im Bereich des § 158 c VVG? (NJW,1958, H.30, S.1122-1124)

Fischer,R.: Grenzen für die Anerkennung der faktischen Gesellschaft. (NJW,1958, H.27, S.969-973)

Glaser,H.: Eigenhändigkeit der Unterschrift des Erblassers im öffentlichen Testament. (DNotZ, 1958, H.6, S.302-304)

Haupt,W.: Der Vermögensschaden beim Anstellungsbetrug.(NJW,1958, H. 25, S.938-940) 16

Heim,W.: Ladungsverluste im Güterfernverkehr.(JR, 1958,H.7, S.254-256)

Henke,W.: Die Änderung der Miteigentumsanteile bei Wohnungseigentum. (NJW,1958,H.24,S.897-898)

Hoche,U.: Nachträgliche Abänderung von Grundstücksveräußerungsverträgen. (DNotZ,1958, H.7/8, S.346-351)

Klauß,H.: Sittenwidrige Teilzahlungsverträge. (TW,1958,H.4,S.113-118)

Koebel: Das Fortwirken des Persönlichkeitsrechts nach dem Tode. (NJW,1958, H.25, S.936-938)

Küster,O.: Grenzen des Rücktrittsvorbehalts im Erbvertrag?(JZ,1958, H.13, S.394-395)

Lüpke,von: Die "Annahme" einer Sicherungsabtretung durch den Schuldner der abgetretenen Forderung. (BB,1958, H.18, S.651-653)

May,E.: Das verkehrsrichtige Verhalten als Rechtfertigungsgrund. (NJW,1958, H.33/34, S.1262-1265)

Nordalm: Zur Änderung des Nachbarrechts (§ 906 BGB).(RdL, 1958,H.6, S.144-145)

Pesch: Ursache im bürgerlichen Recht und in der gesetzlichen Unfallversicherung. (NJW, 1958, H.29, S.1074-1076) 17

Reinicke,D.: Zur Auslegung des § 1371 BGB.(NJW, 1958,H.25,S.932-935)

Rietschel,G.: Die Rechtsprechung des VII.Zivilsenats des BGH im Jahre 1957. (DRiZ, 1958,H.8, S.215-219)

Rosseburg,H.: Grenzen des Rücktrittsrechtes bei Abzahlungskauf. (MDR, 1958, H.8,S.558-560)

Schack,F.: Zum Aufopferungsanspruch im Nachbarrecht.(JR, 1958,H.6, S.207-209)

Scholten: Erbvertrag und Zugewinngemeinschaft.(NJW,1958, H.25, S.935-936)

Schubath,E.;E.Deutsch: Wegfall der Geschäftsgrundlage und doctrine of frustration. (JR, 1958, H.6, S.214-217)

Wussow,W.: Zur Lehre von der Sozialadäquanz. (NJW, 1958,H.24,S.891-894) 16

11.Urheber-und Erfinderrecht

Croon,C.;K.Sanders: Der Schutz von Geschmacksmustern in Holland. (GRUR Ausl.,1958, H.6, S.271-276)

Friedrich, R.: Zum Gesetz über Arbeitnehmererfindungen.(GRUR,1958, H.6, S.270-282)

Fromme: Schutzumfang und Erfindungshöhe im Gebrauchsmusterrecht. (GRUR, 1958, H.6,S.261-266)

Greco,P.: Die Struktur der Filmwerke und deren Stellung im System des Urheberrechts. (UFITA, 1958,Bd 25,H.9/10, S.497-557)

Heynemann, H.: Ist ein Warenzeichenschutz für Kantinenwaren berechtigt? (GRUR, 1958, H.6, S.283-287)

Lindenmaier: Wettbewerbsunlautere Nachahmung von Gestaltung und Werbung. (BB,1958, H.17, S.601-602)

Lögdberg,A.: Musik während der Arbeit. (UFITA, 1958,Bd 25,H.9/10, S.558-560)

Mediger,H.: Zur Frage einer Umgestaltung des deutschen Prüfungssystems. (GRUR, 1958, H.6, S.266-268)

Plaisant,R.: Das Verhältnis von patent-,geschmacksmuster- und wettbewerblichem Schutz für Gegenstände der industriellen Formgebung in Frankreich. (GRUR Ausl.,1958, H.6, S.269-271)

Rauscher auf Weeg,H.H.von: Das Musterrecht in den Vereinigten Staaten und der Gesetzentwurf vom 23.Juli 1957. (GRUR Ausl.,1958,H.6, S.277-286)

Roeber, G.: Arquint,C. Der Schutz des Slogans. Basel 1958, 145 S. (Rez.). (UFITA, 1958,Bd 25, H.9/10, S.597-602)

Schippel,H.: Zur Patentierung landwirtschaftlicher Kulturverfahren (GRUR Ausl.,1958, H.7, S.333-337)

Spengler, A.: Ist das Verschuldensprinzip nicht mehr zeitgemäß? (Schadensersatzvoraussetzungen im gewerblichen Rechtsschutz). (GRUR, 1958,H.5, S.212-221)

Werth,van der: Die Patentfähigkeit von Analogieverfahren für Zwischenprodukte. (GRUR, 1958, H.6, S.268-270)

Winkler,H.: Die Gebrauchsmusterverletzung im Vergleich zur Patentverletzung. (GRUR, 1958, H.5, S.205-211)

Zutrauen,H.A.: Über den Schutz chemischer Erfindungen in Frankreich. (GRUR Ausl.,1958, H.7, S.331-333)

12.Handelsrecht,Wertpapierrecht,Kartell-und Wettbewerbsrecht

Axster,H.: Die Behandlung der Machtposition im Kartellgesetz. (GRUR, 1958, H.5, S.221-229)

Becker,R.: Das Seemannsgesetz 1957. (ZHKR, 1958, H.3, S.97-120) 16

Brunn,J.H.von: Die Konditionen im Gesetz gegen Wettbewerbsbeschränkungen außerhalb der Konditionenkartelle.(BB,1958, H.19,S.684-687)

Dempenwolf,G.: Die Rückwirkung von Satzungsänderungen aktienrechtlicher Gesellschaften. (NJW, 1958, H.32,S.1212-1215)

Dülz,S.: Die Behandlung der Rationalisierungskartelle im Gesetz gegen Wettbewerbsbeschränkungen.(WRP, 1958,H.6, S.161-165)

Ebert,D.: Firmenangaben über die Art des Unternehmens.(BB,1958,H.17, S.611-614)

Fischer,C.E.: Minderheiten - Vertreter im Aufsichtsrat.(NJW,1958. H.33/34, S.1265-1268)

Gessler,E.: Zur Reform der Gewinn- und Verlustrechnung (§ 132 des Aktiengesetzes).(BB,1958, H.20, S.709-718)

Gierke,J.von: Die deutschen Kapitalanlagegesellschaften.(ZGKR, 1958, H.3, S.126-132)

Gleiss,A.: Wirtschaftliche Preisbindung im Schatten der rechtlichen? (BB, 1958, H.17, S.609-611)

Gluth,H.: Factor-Unternehmen in USA - auch in Deutschland?(B,1958, H.27, S.745-747)

Grothus,J.: Amtsniederlegung des einzigen Geschäftsführers einer GmbH. (B, 1958, H.28, S.792-793)

Haasen,U.: Die Entwicklung der handelsrechtlichen Gesetzgebung in der Bundesrepublik Deutschland seit 1949.(ZHKR, 1958, H.3,S.133-143)

Hohenveldern-Seidl, I.: Zur Spaltungstheorie.(Aussw.D.BB,1958,H.6, S.122-124)

Holch,G.: Testamentsvollstreckung an einer OHG-Beteiligung.(DNotZ, 1958, H.6, S.282-302)

Jacob-Steinorth,K.: Die Vertretungsmacht bei den wichtigsten amerikanischen Handelsgesellschaften.(DNotZ, 1958,H.7/8,S.361-368)

Lanzenberger,F.: Zum Konditionenkartell. (WRP, 1958, H.7, S.193-197)

Löffler,H.: Die Tätigkeitsvergütung des OHG-Gesellschafters.(B,1958, H.27, S.759-760)

Lutz, H.: Sind Gesamtumsatzrabattkartelle zulässig? (BB,1958, H.19, S.682-684)

Marsilius,G.: "Demokratie" im Aktienwesen? (Mbl.freiheitl.Wipol., 1958, H.7, S.415-417)

Neubert,H.: Minderheitenschutz durch Abschlußprüfer? (B, 1958,H.25, S.703-705)

Abwicklung der liberalisierten Kapitalmark und Neuordnung des Kapitalverkehrs. (B, 1958, H.26, S.734-736)

Rinck,G.: Haftungssystem und Haftungsgrenzen im nationalen und internationalen Luftrecht. (ZLR, 1958,Bd 7, H.3,S.298-312) 3

Rittner,F.: Rechtsfragen zum unvollständigen Wechsel. (B,1958, H.24, S.675-680)

Scheufele, H.: Über die Frage der Zulässigkeit von Funktionsrabattkartellen. (WuW, 1958,H.6, S.334-343)

Schnitzler, T.: Zur Vorausregelung des Ausgleichsanspruchs nach § 89b HGB. (MDR,1958, H.8, S.556-558)

Schönherr,F.: Wettbewerbs- und Markenrecht in Österreich.(WRP,1958, H.6, S.172-174)

Schuler: Die Bemessung des Ausgleichsansptuchs des Handelsvertreters. (NJW, 1958,H.30, S.1113-1117)

Schupp,R.: Das GmbH-Gesetz ist reformbedürftig.(NJW, 1958, H.32, S.1220-1222)

Schwenk,E.H.: Wechselwirkung von Kartellverbot und Einzelvertrag. (WuW, 1958, H.6,S.326-334)

Sprengel,H.E.: Die Begegung von Schecks mit faksimilierten Ausstellerunterschriften. (MDR, 1958,H.8, S.553-556)

Tittel; Die Entschädigung vor der Währungsreform entstandener Besatzungsschäden. (B, 1958,H.26, S.731-734)

Würdinger,H.: Zum Dividendenrecht des Aktionärs zugleich ein Beitrag zum Problem der Selbstfinanzierung. (B,1958, H.29/30, S.825-828)

13.Landwirtschaftsrecht

Schmidt,H.W.: Zur neuerlichen Entwicklung der Rechtsprechung in Landpachtfragen.(RdL, 1958, H.7, S.169-174)

Stiebens: Umfang der Beurkundungsbefugnis der Siedlungsbehörden in Rheinland-Pfalz. (RdL,1958, H.7, S.176-179)

14.Familienrecht

Arnold, E.: Zur Neuregelung der Schlüsselgewalt (§ 1357 BGB in der Fassung des GleichberG).(FamRZ, 1958, H.6, S.193-197)

Bosch,F.W.: Zum Inkrafttreten des Gleichberechtigungsgesetzes am 1.Juli 1958. (FamRZ, 1958, H.7, S.241-243)

Corves, E.: Zur Anerkennung nordeuropäischer Adoptionen in Deutschland. (SchlHA, 1958,H.5, S.125-129) 18

Gernhuber,J.: Die Mitarbeit der Ehegatten im Zeichen der Gleichberechtigung. (FamRZ,1958,H.7, S.243-251)

Gleichberechtigungsgesetz in Kraft. (SKV, 1958, H.7,S.145-146)

Habscheid, W.J.: Die Rechtsprechung zum Eheauflösungsrecht (Ehenichtigkeit - Eheaufhebung - Ehescheidung - Schuldausspruch).(FamRZ,1958, H.6, S.202-209)

Nicken, H.: Die Haushaltsvernachlässigung als Scheidungsgrund. (SchlHA, 1958, H.5, S.135-137)

Sturm,F.: Zum Anspruch auf den Unterhaltsbeitrag für das uneheliche Kind eines verstorbenen männlichen Beamten oder Ruhestandsbeamten (§ 126 III BBG).(FamRZ, 1958, H.7,S.270-271) 5

Ulmer,K.: Verbietet das Wesen der Ehe den güterrechtlichen Zugewinnausgleich beim Tode des Ausgleichberechtigten? (FamRZ, 1958,H.7, S.251-252)

15.Zivilprozeß und Freiwillige Gerichtsbarkeit

Baur,F.: Zwangsvollstreckungs- und konkursrechtliche Fragen zum Gleichberechtigungsgesetz. (FamRZ, 1958, H.7,S.252-259)

Brühl:Der Prozeßkostenvorschuß nach dem GleichberG. (FamRZ,1958,H.6, S.197-202)

Dahm, A.: Vorläufige Vollstreckbarkeit, Räumungsfristen und Vollstreckungsschutz im Mietrecht. (NJW, 1958, H.29, S.1078-1080)

USA: Das neue Gewerkschaftsgesetz. (AG, 1958,H.13/14, S.436-437)

Grund:Die Kostenentscheidung im Vollstreckungsschutzverfahren. (NJW, 1958, H.30, S.1119-1122)

Heidenberger,P.: Vollstreckung deutscher Urteile in den Vereinigten Staaten. (NJW,1958,H.30, S.1117-1119)

Hieber,H.: Abtretung des Rückübertragungsanspruches bei Grundschulen. (DNotZ, 1958, H.7/8, S.378-381)

Hieber,H.: Zur Bestellung der Eigentümergrundschuld.(DNotZ,1958, H.7/8, S.381-383)

Hieber,H.: Sicherung eines Grundstücksvermächtnisses durch Auflassungsvormerkung. (DNotZ, 1958,H.6, S.306-307)

Hofmann: Die Vergleichsgebühr in Ehesachen.(NJW, 1958,H.24,S.898-900)

Hollenberg,W.U.: Zur Auslegung des § 30 Abs.4 WBewG.(ZMR, 1958,H.7, S.213-214) 10

Hornig,E.: Das Niedersächsische Gesetz über die freiwillige Gerichtsbarkeit. (DNotZ, 1958, H.7/8, S.340-346)

Kablitz,H.: Prozeßvergleich und Anwaltszwang. (NJW,1958, H.28,S.1029-1031)

Lorenz,W.: Die Rechtsnatur von Schiedsvertrag und Schiedsspruch. (AcP, 1958, Bd 157,H.3, S.265-302)

Müller-Tochtermann: Über die Rechtsnatur der einseitigen Erledigungserklärung. (JR, 1958, H.7, S.250-253)

Richert: Die Heilbarkeit rechtlich mangelhafter Registeranmeldungen durch Eintragung.(NJW, 1958, H.24, S.894-897)

Schneider,E.: Streitgegenstandstheorien und Relationstechnik.(JZ,1958, H.11/12, S.345-350)

Schumann,H.: Zur konkursrechtlichen Stellung des zahlenden und rückgriffsberechtigten Kommanditisten. (JZ, 1958,H.14, S.427-430)

Siegert,K.: Die §§ 139,286 und 287 ZPO in der neuesten Rechtsprechung des Bundesgerichtshofs. (NJW, 1958, H.28, S.1025-1028)

Stiebens:Zwangsvollstreckungsmaßnahmen nach dem rheinland-pfälzischen Verwaltungsvollstreckungsgesetz bei Siedlungskrediten. (RdL, 1958, H.6, S.143-144)

Tiefenbacher,E.: Der kostenrechtliche Geschäftswert der Gütertrennung. (BB, 1958,H.17, S.607-609) 14

Tschischgale, M.: Der Streitwert in Ehesachen nach neuem Recht. (T.1 u.2).(JR,1958, H.6, S.201-207; H.7, S.245-247)

Wahle,K.: Eine "skandalöse Begründung" des österreichischen Obersten Gerichtshofes. (AcP, 1958,Bd 157, H.3, S.349-357)

Weitnauer,H.: Können Erbbaurecht und Dauerwohnrecht zugunsten des Eigentümers bestellt werden? (DNotZ,1958, H.7/8, S.352-360)

16.Arbeitsrecht und Arbeitsgerichtliches Verfahren

Zugvögel am Arbeitsmarkt (betr. Arbeitslosigkeit - Bauarbeiter). (Mbl.freiheitl.Wipol., 1958,H.8, S.457-458)

Arbeitszeitverkürzung und die Gemeinden. (AG, 1958, H.13/14, S.406-408) 5

Bischoff, H.A.: Die Abhängigkeit des Arbeitgeberzuschusses vom Krankengeld. (BB,1958, H.18, S.670-671) 17

Butz,H.H.: Grundlagen der Akkordvergütung. (RdA,1958, H.7/8,S.260-266)

Bütz,H.H.: Betriebsvereinbarungen über Pauschalabgeltung der Mehrarbeitsvergütung. (B,1958, H.27, S.767-769)

Calomiris, D.K.: Zur Rechtsnatur des Tarifvertrags im griechischen Recht. (RdA, 1958, H.7/8, S.268-270)

Dahns, P.: Zum Problem der "Rücknahme" einer Kündigung, insbesondere während des Kündigungsschutzverfahrens. (RdA, 1958,H.7/8, S.253-256)

Diamant,M.: Der Weg der mexikanischen Gewerkschaften. (Gew.Mon.H., 1958, H.7, S.436-438)

Dratwa: Arbeitsrechtliche Rundschau. Saarland (Berichtszeit vom 1.7. bis 31.12.1957). (RdA, 1958,H.7/8, S.292-296)

Eckstein,G.: Amerikanische Gewerkschaftsprobleme. (Gew.Mon.H.,1958, H.7, S.404-409)

Franke,R.: Nochmals zur Frage einer konstitutiven arbeitgeberischen Eingruppierung. (RdA, 1958,H.7/8, S.257-259)

Frey,E.: Das Verhältnis von Fürsorgepflicht und Treuepflicht. (ArbuR, 1958,H.7, S.203-205)

Galperin,H.: Wirkung und Unwirksamkeit der Änderungskündigung. (T.1 u.2).(B, 1958,H.28, S.797-803; H.29/30, S.838-841)

Gamillscheg,F.: Die Rechtsprechung des Verwaltungsgerichts der Internationalen Arbeitsorganisation 1947-1957. (AVö, 1958, Bd 7,H.1/2, S.120-128)

Gehälter.Die Angestelltenverdienste in Industrie und Handel im Februar 1958. (Wirtsch.u.Stat.,1958, H.7,S.417-421)[Nicht i.d.Auswertg]

Göttel: Die Gerichte für Arbeitssachen im Jahre 1957. (RdA, 1958, H.7/8, S.285-287)

Gumpert,J.: Die gefahrgeneigte Arbeit in der Rechtsprechung. (BB, 1958, H.20, S.740-743)

Heissmann,E.: Betriebliche Übung und Ruhegeldverpflichtungen.(BB,1958, H.17, S.633-635)

Hessel,P.H.: Das kollektive Element im Einzelarbeitsverhältnis. (B, 1958, H.29/30, S.837-838)

Himber,E.: Das Familienlohnsystem im Saarland. (RdA, 1958,H.7/8, S.272-277)

Hurst: Gewährung des Urlaubs nach Einführung der 45- bzw.40-Stunden-Woche. (SKV, 1958,H.7, S.158-159) 5

Körner, R.: Gewerkschaftsbewegung in Kanada. (Gew.Mon.H.,1958, H.7, S.409-415)

Erste Rechtsprechung des Bundesarbeitsgerichts zum Gesetz zur Verbesserung der wirtschaftlichen Sicherung der Arbeiter im Krankheitsfalle. (RdA,1958, F.7/8, S.282

Arm am Beutel, krank am Herzen.[Betr.Lohnfortzahlungsgesetz.] (Mbl.freiheitl.Wipol.,1958,H.7, S.393-394)

Maus: Arbeitsrechtliche Rundschau. Niedersachsen (Berichtszeit vom 1.7.bis 31.12.1957). (RdA, 1958,H.7/8, S.291-292)

Maus,W.: Mindest- und Höchstarbeitsbedingungen in Tarifverträgen. (RdA, 1958, H7/8, S.241-247)

Müller,G.: Die dem Einzelarbeitsverhältnis vom Arbeitsverband her innewohnende Beeinflussung. (T.1 u.2) (B,1958, H.25, S.712-714; H.26, S.740-742)

Ohm,K.: Beamtenrechtliche Einflüsse im zivilrechtlichen Dienstvertrag. (BB, 1958,H.17, S.635)

Olbersdorf, G.: Grundrechte und Arbeitsverhältnis. (Einige grundsätzliche Bemerkungen). (ArbuR, 1958, H.7, S.193-202) 4

Potrykus,G.: Fürsorgeerziehung und Arbeitsverhältnis. (RdJ, 1958, H.15, S.225-227) 5

Radke,O.: Nachfolge für Arbeitnehmervertreter im Aufsichtsrat nach dem Betriebsverfassungsgesetz bei deren vorzeitigen Ausscheiden. (NJW, 1958, H.27, S.973-976) 12

Radke,O.: Die Arbeitnehmervertreter im Aufsichtsrat des herrschenden Unternehmens eines Konzerns. (ArbuR, 1958,H.6, S.161-170)

Richter,B.: Ist das Abhilfeverfahren gem.der bayer.Verordnung vom 8.8.1950 im Arbeitsgerichtsprozeß zu beachten? (RdA, 1958, H.7/8, S.270-272)

Rüstig,H.: Die Gerichte für Arbeitssachen im Jahre 1957. (ArbuR,1958, H.7, S.205-211)

Sahmer,H.: Zur Frage der Anfechtbarkeit eines Schiedsspruchs in Arbeutsstreitigkeiten wegen einer Rechtsnorm. (B,1958, H.24,S.685-686)

Scheuerle: Der arbeitsrechtliche Fahrlässigkeitsbegriff und das Problem des innerbetrieblichen Schadensausgleiches. (RdA, 1958,H.7/8, S.247-253)

Schnorr von Carolsfeld: Zur Kündigung aus wichtigem Grund.(RdA,1958, H.7/8, S.281-282)

Schregle: Ausländische Arbeitsgesetzgebung (4.Folge).(Afrika -Brit. Besitzungen).(RdA, 1958, H.7/8, S.295)

Siebert,W.;M.L.Hilger: Zum Mitbestimmungsrecht des Betriebsrats bei der Schätzung von Akkordzeiten. (ArbuR, 1958, H.6, S.170-175)

Zehn Jahre Tarifautonomie in der Bundesrepublik. (RdA,1958, H.7/8, S.280-281)

Vogel,H.: Private Arbeitsvermittlung und der Rechtsschutz ihrer Benutzer. (Soz.Sicherh., 1958,H.7, S.200-203)

Volmer,B.: Verordnung über die steuerliche Behandlung von Prämien für Verbesserungsvorschläge. (RdA, 1958,H.7/8, S.266-267) 6

Wägenbaur, R.: Einige Bemerkungen zum Abschluß von Arbeitsverträgen zwischen Ehegatten. (JZ, 1958, H.13, S.396-397)

Wittholz,J.: Lehrlingsvergütung und Tarifvertrag im Handwerk.(BB,1958, H.19, S.706-707)

17.Sozialrecht,Sozialgerichtsbarkeit und Verfahren

Ausgerechnet Fünfundsechzig (betr.Altersrente). (Mbl.freiheitl.Wipol., 1958, H.8, S.462-463)

Auerbach,W.: Neugestaltung der Krankenversicherung in einer umfassenden Gesundheitssicherung. (Soz.Sicherh.,1958, H.7, S.193-197)

Die Belastung durch das Bundesentschädigungsgesetz. (AG, 1958, H.12, S.377-378) 6

Casselmann,K.H.: Besteht bei Begründung der Vollwaiseneigenschaft nach Inkrafttreten der Neuregelungsgesetze ein Anspruch auf die erhöhte Pauschalrente von 75,-DM? (ZSR, 1958, H.6, Beil.Verwaltung u. Aufsicht, S.57-59)

Cohen,W.J.: Die Bedeutung des Einkommens und die Rentenbemessung in den Vereinigten Staaten von Amerika. (ZSR, 1958, H.6, S.423-434)

Elsholz,K.: Entwicklungstendenzen in der Sozialreform. (DÖV, 1958, H.19, S.481-484)

Die laufend Unterstützten der offenen Fürsorge im September 1957. (Wirtsch.u.Stat.,1958, H.7, S.406-409) [Nicht i.d.Auswertg]

Gissler,P.: Die soziale Sicherheit der Wanderarbeitnehmer. (Soz.Sicherh.,1958, H.7, S.203-206) 3

Haller,L.H.: Ausbildungsbeihilfen in der Reform.(Zbl.JugR, 1958, H.6, S.137-139)

Knobloch,E.: Die neuen Durchführungsvorschriften zur Arbeitslosenhilfe. (Soz.Sicherh.,1958, H.7, S.208-212)

Knoll,E.: Sind Renten in der Unfallversicherung nötig? (ZSR,1958, H.6, S.369-379)

Köhler,C.: Zur Änderung des Gesetzes über einen Bergmannsversorgungsschein im Land Nordrhein-Westfalen. (ArbuR, 1958, H.7,S.211-213)

Linde: Altershilfe für Landwirte und Übergabevertrag. (RdL,1958,H.6, S.141-143) 13

Maier-Scherling: Zum Entwurf eines Gesetzes zur Neuregelung der gesetzlichen Unfallversicherung. (RdA, 1958, H.7/8, S.284-285)

Mitzscherling, P.: Sozialpolitik unter ökonomischem Aspekt. (Gew.Mon.H., 1958, H.7, S.416-426) 1

Neun,R.: Die beitragspflichtigen älteren Landwirte im Altershilfegesetz. (RdL, 1958, H.7, S.174-175) 13

Odendahl,W.: Zur versicherungsrechtlichen Stellung der Hausgewerbetreibenden und Heimarbeiter. (ZSR, 1958, H.6, Beil.Verwaltung u.Aufsicht, S.59-64)

Riege,F.A.: Zur Frage der Beweislast nach § 1 Abs.1 Satz 1 des Arbeiter-Sicherungsgesetzes. (ArbuR, 1958, H.6, S.175-177)

Im Zeitlupentempo (betr.Sozialgerichtsbarkeit). (Mbl.freiheitl.Wipol., 1958, H.8, S.454-456)

Tews,L.: Reform der Anspruchsvoraussetzungen in der Arbeitslosenversicherung. (ZSR, 1958, H.6, S.379-415)

Wannagat: Das Zweite Gesetz zur Änderung des Sozialgerichtsgesetzes. (NJW, 1958, H.31, S.1176-1177)

Weber,H.G.: Ist das Territorialitätsprinzip in der deutschen Sozial- und Arbeitslosenversicherung noch zeitgemäß? (ZSR, 1958, H.6, S.415-422)

18.Internationales Privatrecht

Gamillscheg,F.: Rechtswahl, Schwerpunkt und mutmaßlicher Parteiwille im internationalen Vertragsrecht. (AcP, 1958,Bd 157, H.3, S.303-341)

Henn,G.: Die Verrechnung von Fremdwährungsforderungen nach schweizerischem Obligationenrecht.(Z.f.schweiz.R.,1958, H.3, S.139-162)[Ausl.]

Kahn-Freund,O.: Adolf F.Schnitzer,Handbuch des internationalen Privatrechts. (Basel 1957. 2 Bde; Rez).(AVö,1958, Bd 7, H.1/2, S.211-218)

Riese,O.: Internationalprivatrechtliche Probleme auf dem Gebiet des Luftrechts. (ZLR, 1958, Bd 7.H.3, S.271-297)

Selb,W.: Martin Wolff und die Lehre von der Qualifikation nach der lex causae im internationalen Privatrecht. (AcP, 1958, Bd 157, H.3, S.341-349)

19.Juristische Ausbildungs-und Prüfungsfragen

Gierke,J.von: Einige Bemerkungen zur Reform des Rechtsstudiums. (ZHKR, 1958, H.3, S.121-125)

Schultz,E.: Die Anfertigung der häuslichen Arbeit in der ersten juristischen Prüfung. (MDR, 1958, H.8,S.571-573)

20. Sonstiges

Gerber, H.: Studentisches Vereinswesen. (DÖV, 1958,H.16, S.401-406)

Kauffmann: Arbeitsrechtliche Rundschau. Hessen (Berichtszeit vom 1.7. bis 31.12.1957). (RdA, 1958, H.7/8, S.290-291)

Kroemer: Die Entwicklung des öffentlichen Rechts in Niedersachsen im zweiten Halbjahr 1957.(DVBl.,1958,H.15,S.537-541)

C.19.(29.) VERZEICHNIS DER NEUERWERBUNGEN DER BIBLIOTHEK DES DEUTSCHEN INSTITUTS FÜR RECHTSWISSENSCHAFT 1)

1.ALLGEMEINES

1.Allgemeine und bibliographische Nachschlagewerke, Wörterbücher, Buch- und Bibliothekswesen

Bibliographie der philosophischen,psychologischen und pädagogischen Literatur in der deutschsprachigen Schweiz 1900-1940, hrsg.von E.Heuß u.a. Basel 1944. 207 S. V Ea 23135

Bibliographie des gesamten Rechts der Presse des Buchhandels, des Rundfunks und des Fernsehens. Nach Sachgruppen gegliederter Nachw. d.Fachschrifttums in Büchern u.Zeitschriften mit Verf.- u.Sachreg., bearb.u.hrsg. vom Bucharchiv München. Berlin-Frohnau, Neuwied a.Rh. 1957. getr.Pag. II Ea 23161

A selected Bibliography of articles dealing with the Middle East. 2. 1951-1954. Jerusalem 1955. 83 S. V Ea 23024

Bohatcová,M.: (J.A.Komensky. Verzeichn s d.Handschriften, tschech.:) J.A.Komenský. Soupis rukopisu. Prag 1957. 48 S. IV Ea 20506

(Deutsch-rumänisches Wörterbuch,rumän.:) Dicţionar german-romîn. Bukarest 1958. 1183 S. IV Ea 23144

Gabler,Th.: Wirtschaftslexikon. Hrsg.von R.Sellien u.H.Sellien. Unter Mitw. von führenden Fachleuten aus Wirtschaftswiss.u.-praxis. 2.Aufl. Bd 1.2. Wiesbaden 1958. 2 Bde 1. A-K. 1831 S. 2. L-Z. S. 1738-3576. II Ea 23169

A bibliographical Guide to the law of the United Kingdom,the Channel Islands and the Isle of Man. London 1956. 219 S. V Ea 21010

Kirchner,H.: Abkürzungsverzeichnis der Rechtssprache auf der Grundlage der für den Bundesgerichtshof geltenden Abkürzungsregeln. Berlin 1957. 347 S. II Ea 23307

Korpała,J.: Abriss der Geschichte der Bibliographie in Polen. Leipzig 1957. 258 S. I Ea 23125

Kunze,H.: Wissenschaftliches Arbeiten. Eine Einf. Berlin 1958. 37 S. I Ea 23148

1) Die hier angezeigte Literatur ist gemäß der Benutzungsordnung der Bibliothek des Deutschen Instituts für Rechtswissenschaft, für die Mitglieder des Deutschen Instituts für Rechtswissenschaft, Ministerien und zentrale Institutionen der Deutschen Demokratischen Republik und nach der Leihverkehrsordnung der Bibliotheken ausleihfähig.-Verzeichnis 1-10 ist enthalten im Mitteilungsblatt des Deutschen Instituts für Rechtswissenschaft 1953, Nr 1- 1955, Nr 3.

Milatz,A.: Friedrich-Naumann-Bibliographie. Hrsg.von d.Komm.f.Gesch. d.Parlamentarismus u.d.polit.Parteien. Düsseldorf 1957. 177 S. II Ea 23312

Möller,G.: Guter Stil im Alltag. Eine neuartige Satzbauschule. Leipzig 1958. 124 S. I Ea 23081

Sachs-Villatte: Enzyklopädisches französisch-deutsches und deutsch-französisches Wörterbuch. T.1.2. Berlin 1956-1958. 2 Bde 1. Franz.-dt. 36.Aufl.4.Bearb. von K.Moser.Mit e.Nachtr.1956. 1958. 944, 80 S. 2. Dt.-franz. 31.Aufl. 4.Bearb. von A.Biel, A.Tönnies u. K.Schmidt. Durch e.Nachtr.erg. 1956. 975, 76 S. II Eb 935

Staatslexikon. Recht, Wirtschaft, Gesellschaft. Hrsg.von d.Görres-Gesellschaft.6., völlig neu bearb.u.erw.Aufl. Bd 1.Abbe - Beyerle. Freiburg i.Br. 1957. 1246 Sp. II Eb 936

2.Biographien

Becher,J.R.: Walter Ulbricht. Ein dt.Arbeitersohn. Berlin 1958. 227 S. I Ea 23123

Granjard,H.: Ivan Tourguénev et les courants politiques et sociaux de son temps. Paris 1954. 506 S. V Ea 23107

Stepanova,E.A.: (Karl Marx- der große Lehrer und Führer des internationalen Proletariats, ‘russ.:) Karl Marks - velikij učitel'i vožd' meždunarodnogo proletariata. Moskau 1958. 54 S. III Ea 21399

3.Philosophie, Soziologie

Adam,K.: Das Wesen des Katholizismus. 13.Aufl. Düsseldorf 1957. 351 S. II Ea 19958

Bartz,W.: Falsche Propheten. Jehovas Zeugen. Die Neuapostolische Kirche. Die Siebenten-Tags-Adventisten.6., neubearb.Aufl. Trier 1957. 48 S. II Ea 23331

Berge,W.: Gesetz und Evangelium in der neueren Theologie. Interpretation e.theolog.Kontroverse. Berlin 1958. 47 S. I Ea 23266

Berkeley,G.: Eine Abhandlung über die Prinzipien der menschlichen Erkenntnis. Nach d.Übers.von F.Überweg mit Einl., Anm.u.Reg.neu hrsg. von A.Klemmt. Hamburg 1957. 147 S. II Ea 23096

Burckhardt,G.: Charakter und Umwelt. Ein Beitrag zum "Elite-Problem". München, Innsbruck, Zürich 1956. 153 S. II Ea 19807

Erasmus von Rotterdam: Das Lob der Torheit. < Encomium moriae.> Mit e.Einl.v.K.Träger. Leipzig 1957. 169 S. I Ea 23149

Fichte,J.G.: Über die Bestimmung des Gelehrten. Über das Wesen des Gelehrten und seine Erscheinungen im Gebiete der Freiheit. Vorlesgn. Leipzig o.J. 171 S. I Ea 23150

Zu Fragen des dialektischen und historischen Materialismus. Berlin 1958. 134 S. I Ea 23146

Garden,E.: Sagt die Bibel die Wahrheit? Lüneburg 1957. 251 S. II Ea 23140

Fünftes Europäisches Gespräch in der Engelsburg Recklinghausen. Die Gesellschaft, in der wir leben. Köln-Deutz 1957. 328 S. II Ea 23174

Haeckel, E.: Gibt es ein Weiterleben nach dem Tode? Aus "Die Welträtsel". Berlin 1958. 35 S. I Ea 23079

Heitbaum,H.: Psychologie im Betrieb. 2.,überarb.u.erw.Aufl. Köln 1952. 184 S. II Ea 23313

Lenin,W.I.: Clausewitz'Werk "Vom Kriege". Ausz.u.Randglossen. Mit Vorw.u.Anm.von O.Braun. Berlin 1957. 45 S. I Ea 19719

Lenin,V.I. Über den Parteiaufbau. Eine Sammlg ausgew.Aufs.u.Reden. Berlin 1958. 886 S. I Ea 23128

Levitov,N.D.: (Die Psychologie der Halbwüchsigen und deren Erziehung in der Familie, russ.:) Psichologija podrostka i vospitanie ego v sem'e. Moskau 1958. 31 S. III Ea 21335

Mayntz,R.: Die soziale Organisation des Industriebetriebes. Stuttgart 1958. 88 S. II Ea 23317

Mende,G.: Freiheit und Verantwortung. Kleine Essays. Berlin 1958. 211 S. I Ea 23122

Mensch und Betrieb. Ber.über die Kölner Tagung 15.-17.Mai 1952. Köln 1952. 101 S. II Ea 23318

Miller,D.C.;W.H.Form: Unternehmung, Betrieb und Umwelt. Soziologie des Industriebetriebes u.d.industriellen Gesellschaft.Dt.Ausg. bearb.von K.G.Specht. Köln, Opladen 1957. 308 S. mit 22 Darst. II Ea 23184

Mills,C.W.: Menschen im Büro. Ein Beitrag zur Soziologie d.Angestellten. Köln-Deutz 1955. 488 S. II Ea 23308

Müller,K.V.: Die Angestellten in der hochindustrialisierten Gesellschaft. Köln, Opladen 1957. 131 S. II Ea 23187

Oiserman,T.I.: Die Hauptströmungen der gegenwärtigen bürgerlichen Philosophie. Berlin 1958. 20 S. I Ea 23147

Popitz,H.: Der entfremdete Mensch. Zeitkritik u.Geschichtsphilosophie des jungen Marx. Basel 1953. 172 S. V Ea 23063

Geheimnisse der Religion. Eine Anthologie. Berlin 1958. 312 S. I Ea 23264

Ist die Religion für das Volk nötig? A.Bebel über Christentum u. Kirche. 2.Aufl. Berlin 1958. 55 S. I Ea 19945

Rhein, Ch.: Paul Tillich. Philosoph u.Theologe. Eine Einf.in sein Denken. Stuttgart 1957. 199 S. II Ea 23103

Rochhausen,R.: Der Sputnik und der liebe Gott. Berlin 1958. 39 S. I Ea 19944

Salomon,A.: Fortschritt als Schicksal und Verhängnis. Betrachtungen zum Ursprung d.Soziologie. Stuttgart 1957. 85 S. II Ea 23213

Schelsky, H.: Die skeptische Generation. Eine Soziologie d.dt.Jugend. Düsseldorf, Köln 1958. 520 S. II Ea 23316

Schilling, K.: Geschichte der sozialen Ideen. Individuum, Gemeinschaft, Gesellschaft. Stuttgart 1957. 411 S. II Ea 23332

Schneider, H.W.: Geschichte der amerikanischen Philosophie. Hamburg 1957. 424 S. II Ea 23099

Schwidetzky, I.: Das Problem des Völkertodes. Eine Studie zur histor. Bevölkerungsbiologie. Stuttgart 1954. 165 S. II Ea 23212

Sombart, W.: Noo-Soziologie. Berlin 1956. 123 S. II Ea 23172

Spinoza, B.de: Die Ethik. Schriften u,Briefe. Hrsg.von F.Bülow. Stuttgart 1955. 337 S. II Ea 23011

Stein, L.von: Begriff und Wesen der Gesellschaft. Ausgew.u.eingel. von K.G. Specht. Köln, Opladen 1956. 107 S. II Ea 23014

Sternberg, F.: Die militärische und die industrielle Revolution. Berlin, Frankfurt a.M. 1957. 333 S. II Ea 23134

Thurnwald, R.: Grundfragen menschlicher Gesellung. Ausgew.Schriften. Berlin 1957. 160 S. II Ea 23177

Ude, J.: Christliche Moraltheologen als Helfershelfer des Kapitalismus. Ein Schulbeisp.kapital.Ausbeuterwirtschaft. Brüggen 1957. 24 S. II Ea 23154

Schriften der Deutschen Gesellschaft für Soziologie. Verhandlungen des 9.Deutschen Soziologentages vom 9.bis 12.August 1948 in Worms. Vortr.u.Diskussionen. Tübingen 1949. 151 S. II Ea 23033

Deutsche Gesellschaft für Soziologie. Verhandlungen des 13.Deutschen Soziologentages in Bad Meinberg. Köln, Opladen 1957. 127 S. II Ea 23186

4.Wirtschaftswissenschaft

Baade, F.: Die Lage der Weltwirtschaft und ihre Bedeutung für die Landwirtschaft. Kiel 1957. 26 S. II Ea 23190

Drucker, P.F.: Die nächsten zwanzig Jahre. Ein Blick auf die Wirtschaftsentwicklung der westl.Welt. Düsseldorf 1957. 170 S. II Ea 23329

Eisermann, G.: Wirtschaftstheorie und Soziologie. Tübingen 1957. 26 S. II Ea 23276

Haas, F.: Wesen und Formen der Gewinnbeteiligung. Stuttgart 1957. 16 S. II Ea 23031

Hartung, S.;E.Tschinkel: Die ökonomischen Auswirkungen des betrieblichen Unfallgeschehens. Berlin 1958. 76 S. I Ea 19943

Hasselmann, E.: Die genossenschaftliche Selbsthilfe der Verbraucher. Werden u.Wesen d.dt.Konsumgenossenschaftsbewegung. 2.Aufl. Hamburg 1957. 91 S. II Ea 19955

Kaschel,E.: Der Lohngruppenkatalog zur Ausarbeitung, Einführung und Handhabung der Wirtschaftszweig-Lohngruppenkataloge. Berlin 1958. 103 S. I Ea 23262

Klimek,Z.: (Die Analyse der Warenbestände und des Warenumlaufs in Handelsbetrieben,poln.:) Analiza zapasów i rotacji towarów w przedsiebiorstwach handlowych. Warschau 1956. 238 S. IV Ea 12380

Lipiński, E.: (Die Entwicklung des ökonomischen Gedankens, poln.:) Rozwój myśli ekonomicznej. 4.wyd. Łódź, Warschau 1957. 375 S. IV Ea 23116

Michajlov,S.: (Die ökonomischen Ursachen der imperialistischen Aggression, russ.:) Ekonomičeskie pričiny imperialističeskoj agressii. Moskau 1958. 87 S. III Ea 23072

Monopoltheorie - Monopolpraxis. Krit.Beitr.zur Theorie u.Praxis d. Monopole in Westdeutschland. Hrsg.von G.Bondi. Berlin 1958. 150 S. I Ea 23056

Nemakov,N.I.: (Der Kampf der Kommunistischen Partei der Sowjetunion um die Verwirklichung des Leninschen Genossenschaftsplanes in der Wiederherstellungsperiode, russ.:) Bor'ba kommunističeskoj partii sovetskogo sojuza za osuščestvlenie leninskogo kooperativnogo plana v vosstanovitel'nyj period. Moskau 1958. 39 S. III Ea 21448

Die Ökonomik der sozialistischen Landwirtschaftsbetriebe. Von e.Koll. sowjet.Agrarwissenschaftler. Berlin 1958. 448 S. I Ea 19985

Rosenberg,D.I.: Die Entwicklung der ökonomischen Lehre von Marx und Engels in den vierziger Jahren des 19.Jahrhunderts. Berlin 1958, 424 S. I Ea 23127

Strachey,J.: Kapitalismus heute und morgen. Düsseldorf 1957. 291 S. II Ea 23241

Tammer,H.: Das Kapital und das Mehrwertgesetz. Berlin 1958. 80 S. I Ea 23151

5.Geschichte

Towarzystwo Naukowe w Toruniu. (Akten der Stände des Königreichs Preußens, poln.:) Akta stanów prus królewskich. T.1. < 1479-1488.> Wyd. K.Górski i M.Biskup. Torun 1955. 606 S. IV Ea 23114

Berchin,I.B.: (Die Niederwerfung der imperialistischen Intervention und der inneren Konterrevolution in den Jahren des Bürgerkrieges, russ.:) Razgrom imperialističeskoj intervencii i vnutrennej kontr-revoljucii v gody graždanskoj vojny, < 1918-1920 >. Moskau 1958. 77 S. III Ea 21446

Constantinescu-Iasi,P.: (Der Einfluß der Sozialistischen Oktoberrevolution auf die revolutionäre Bewegung in Rumänien in den Jahren 1917-1921, rumän.:) Influenţa marii revoluţii socialiste din octombrie asupra mişcării revoluţionare din Rominia in anii 1917-1921. Bukarest 1957. 70 S. IV Ea 23206

Deuerlein,E.: CDU/CSU 1945-1957. Beitr.z.Zeitgesch. Köln 1957. 303 S. II Ea 23339

Franke,W.: Das Jahrhundert der chinesischen Revolution 1851-1949. München 1958. 297 S. II Ea 23274

Polska Akademia Nauk. Inst.Historii. (Geschichte Polens, Bd 1 bis zum Jahr 1764. poln.:) Historia Polski. T.1.do roku 1764. Warschau 1957. 758 S. IV Ea 23145

Beiträge zur Geschichte Schlesiens. Unter d.Red.von E.Maleczyńska. Berlin 1958. 483 S. I Ea 23143

Kommission der Historiker der DDR und der UdSSR. Protokoll der wissenschaftlichen Tagung in Leipzig vom 25.bis 30.November 1957 in 2 Bänden. Bd 2. Probleme der Geschichte des zweiten Weltkrieges. Ref. u.Diskussionen zum Thema: Die wichtigsten Richtgn d,reaktionären Geschichtsschreibg über d.zweiten Weltkrieg. Berlin 1958. 513 S. I Ea 23270

Heimpel,H.: Der Mensch in seiner Gegenwart. 8 histor.Essais. 2.,erw.Aufl. Göttingen 1957. 231 S. II Ea 23215

Kostakov,A.N.: (Die Festigung des Bündnisses der Arbeiterklasse und Mittelbauernschaft auf der Grundlage der Beschlüsse des 8.Parteitages, russ.:) Upročenie sojuza rabočego klassa i srednego krest'janstva na osnove rešenij VIII s-ezda partii. Moskau 1958. 39 S. III Ea 21334

Kostus,W.: (Die polnische Herrschaft über Lauenburg und Bütow, poln.:) Władztwo polski nad Leborkiem i Bytowem. Studium historycznoprawne. Wrocław 1954. 139 S. IV Ea 23117

Lenin, V.I.: (Über die Taktik der Partei während der Oktoberrevolution und beim sozialistischen Aufbau, russ.:) O taktike partii v oktjabr'skoj revoljucii i socialističeskom stroitel'stve. Moskau 1958. 327 S. III Ea 23119

Matern, H.: Aus dem Leben und Kampf der deutschen Arbeiterbewegung. Hrsg.vom Inst.f.Marxismus-Leninismus beim ZK d.SED. Berlin 1958. 368 S. I Ea 23131

Meissner,H.O.;H.Wilde: Die Machtergreifung. Ein Bericht über d. Technik d.nationalsozialist.Staatsstreichs. Stuttgart 1958. 362 S. II Ea 23283

Macek,J.: Die hussitische revolutionäre Bewegung. Berlin 1958. 231 S. I Ea 23178

Matull,W.: Werden und Wesen der deutschen Sozialdemokratie. Berlin, Hannover 1957. 159 S. II Ea 23216

Mehnert,W.: Der Beitrag Edwin Hoernles zum schulpolitischen und pädagogischen Kampf der KPD in der Zeit der Weimarer Republik < 1919-1929 >. Berlin 1958. 176 S. I Ea 19996

Robespierre,M.: Habt ihr eine Revolution ohne Revolution gewollt? Reden.Ausgew,komm.u.hrsg.von K.Schnelle. Leipzig 1958. 394 S. I Ea 19994

Rössler,H.: Europa im Zeitalter von Renaissance, Reformation und Gegenreformation. 1450-1650. München 1956. 719 S. II Ea 23284

Rothfels, H.: Die deutsche Opposition gegen Hitler. Eine Würdigung. Frankfurt a.M.,Hamburg 1958. 214 S. II Ea 23238

Sieger,W.: Das erste Jahrzehnt der deutschen Arbeiterjugendbewegung 1904-1914. Berlin 1958. 219 S. I Ea 23129

Stampfer, F.: Erfahrungen und Erkenntnisse. Aufzeichngn aus meinem Leben. Köln 1957. 298 S. II Ea 23281

Werner,K.;K.H.Biernat: Die Köpenicker Blutwoche. Juni 1933. Berlin 1958. 47 S. I Ea 23152

Zetkin, C.: Zur Geschichte der proletarischen Frauenbewegung Deutschlands. 2.Aufl. Berlin 1958. 246 S. I Ea 23268

6.Politik

Jahn,H.E.: Lebendige Demokratie. Die Praxis d.polit.Meinungspflege in Deutschland. Frankfurt/M. 1956. 796 S. II Ea 23192

Sozialdemokratie und Bundeswehr. Hrsg.von d.SPD. Berlin, Hannover 1957. 173 S. II Ea 23183

II.RECHTSWISSENSCHAFT

1.Gesetzesmaterialien und Dokumente (auch Verfassungen und Kurzkommentare)

Das Bundesbeamtengesetz nebst vorl. Bundes-Polizeivollzugsbeamtengesetz. Komm.f.d.prakt. Gebrauch von K.Nischk. Braunschweig 1953. 327 S. II Ea 23021

Avant-projet de Code Civil,prés. à M.Le Garde des Sceaux, par la Comm.de Réforme du Code Civil. Partie 1: Livre préliminaire, livre premier. Des personnes physiques et de la famille. Paris 1955. 389 S. V Ea 23090

Cour Internationale de Justice. Recueil des arrêts avis consultatifs et ordonnances. Compétence de l'Assemblée générale pour l'admission d'un état aux Nations Unies. Avis consultatif de 3 mars 1950. International Court of Justice. Reports of judgments, advisory opinions and orders. Competence of the General Assembly for the admission of a state to the United Nations.Advisory opinion of march 3rd, 1950. Leyden 1950. 57 S. V Ea 21205

Ermacora,F.: Österreichs Staatsvertrag und Neutralität. Sammlg d. wichtigsten, die Rechtsstellg d.Republik Österreich u.ihre Entwicklg betr. Rechtsakte u.polit.Noten mit Einf.u.Erl. Frankfurt/M. Berlin 1957. 116 S. 2 Ktn II Ea 23246

Justizministerium. Familiengesetzbuch. Erlaß Nr 31 über d.natürl.u. jurist.Personen. Erl. Nr 32 zur Einführg d.Familiengesetzb.u.d.Erl. über d.natürl.u.jurist.Personen einschließl. der am 29.3.1956 von d. Grossen Nationalversammlg d.Rumän.Volksrepublik beschlossenen Abändergn. Bukarest 1956. 83 S. IV Ea 23052

Das Cubanische Gesetzbuch der Sozialen Verteidigung vom 4.April 1936 < in Kraft seit d.9.10.1938 >. Übers.u.mit e.Einl.vers.von G.Blau. Berlin 1957. 187 S. II Ea 23163

Eighth National Congress of the Communist Party of China. Vol.1.2. Peking 1956. 2 Bde 1. Documents. 327 S. 2. Speeches. 386 S. IV Ea 21480

Rechtspflegergesetz. Ges.über Maßnahmen auf d.Gebiete d.Gerichtsverfassg ü.d.Verfahrensrechts vom 8.Febr.1957 < BGBl I S.18,44 > mit Nachtr.zum Gleichberechtigungsges. Erl.von P.Hofmann, F.Kersting. Berlin 1957. 318 S. II Ea 23162

Schmidt,F.: Die Arbeitslosenhilfe. Komm.zu d.Ges.zur Änderung u.Erg. d.Ges.über Arbeitsvermittlg u.Arbeitslosenversicherg vom 16.4.1956. (BGBl. I, S.243) Mit Nachtr. Stuttgart 1956-58. 2 Bde Hauptw.: 1956. 284 S. Nachtr.: 1958. 132 S. II Ea 23326

(Statut der Kommunistischen Partei Chinas. Abänderungen des Parteistatuts.,russ.:) Ustav kommunističeskoj partii Kitaja. Ob izmenenijach v ustave partii. Dokl.tov.Den Sjao-pina. Peking 1956. 55 S. IV Ea 16103

Das Argentinische Strafgesetzbuch,von den gesetzgebenden Körperschaften angenommen am 30.9.1921 u.verkündet am 29.10.1921 < Ges.Nr 11179 >. Übers.u.mit e.Einl.vers.von H.Mattes. Berlin 1957. 109 S. II Ea 23233

(Die Strafgesetzgebung der UdSSR und der Unionsrepubliken, russ.:) Ugolovnoe zakonodatel'stvo SSSR i sojuznych respublik. Sbornik. < Osnovnye zakonodatel'nye akty.> Moskau 1957. 531 S. III Eb 888

Viertes Strafrechts-Änderungsgesetz und neue Nebengesetze als Erg. zu Schwarz, Strafgesetzbuch, 20.Aufl.von O.Schwarz unter Mitw.von G.Schwarz. München, Berlin 1957. 44 S. II Ea 23220

Strafvollstreckungsordnung. Komm.von K.Hegenbarth. Münster/Westf. 1957. 355 S. II Ea 23160

Protocols to the Treaty signed at Brussels on march 17,1948 between the United Kingdom of Great Britain and Northern Ireland, Belgium, France, Luxembourg and the Netherlands. Modifying and Extending that Treaty to include the Federal Republic of Germany and Italy. Paris, oct.23,1954 < with relevant documents >. London 1955. 51 S. V Ea 19658

Polski Instytut spraw międzynarodowych. (Die Verfassung der Deutschen Demokratischen Republik und das Bonner Grundgesetz, poln.:) Konstytucja Niemieckiej Republiki Demokratycz nej oraz "Ustawa zasadnicza" z Bonn.wstepem K.Grzybowskiego. Warschau 1950. 134 S. IV Ea 21414

(Die Verfassung der Tschechoslowakischen Republik,tschech.:) Ústava Československé Republiky, ústavní a důležité prováděcí předpisy. Prag 1958. 485 S. IV Ea 15607

Die Verträge der Volksrepublik China mit anderen Staaten. Bearb.im Inst.f.Asienkunde Hamburg. Frankfurt/M.,Berlin 1957. 105 S. II Ea 23189

2.Rechtswissenschaft allgemein

The American jurisprudence reader. Ed. by Th.A. Cowan. New York 1956. 256 S. V Ea 23002

Eckhardt, W.: Einführung in die Rechtswissenschaft. 9.-12.,teilw. umgearb.Aufl. Düsseldorf, Stuttgart 1957. 175 S. II Ea 23188

Staats- und rechtswissenschaftliche Konferenz in Babelsberg am 2.u. 3.April 1958. Protokoll. Berlin 1958. 200 S. I Ea 23200

3.Staats-und Rechtstheorie

Basic Issues of American democracy. A book of readings select.and ed. by H.M.Bishop and S.Hendel. 3rd ed. New York 1956. 484 S. V Ea 23247

Selected Essays on equity. By various authors. Compiled and ed.by E.D.Re. New York 1955. 464 S. V Ea 23008

Geck, L.H.A.: Zur Sozialreform des Rechts. Die soziale Problematik in d.Rechtsphilos.d.Neuzeit. Stuttgart 1957. 65 S. II Ea 23214

Habsburg, O.von: Soziale Ordnung von Morgen. Gesellschaft u.Staat im Atomzeitalter. 2.Aufl. Wien,München 1958. 172 S. V Ea 23100

Lukaševa,E.A.: (Das Rechtsbewußtsein und die Festigung der Gesetzlichkeit in der UdSSR, russ.:) Pravosoznanie i ukreplenie zakonnosti v SSSR. Moskau 1957. 104 S. III Ea 19844

Faktoren der Machtbildung. Wiss.Studien zur Politik. Berlin 1952. 200 S. II Ea 23176

Marcic,R.: Vom Gesetzesstaat zum Richterstaat. Recht als Maß d.Macht. Gedanken über d.demokrat.Rechts- u.Sozialstaat. Wien 1957. 548 S. V Ea 23250

Monitor: Der Gemeinschaftsvertrag. Eine Studie über Triebgesetze u. Zeitprobleme. Wien 1955. V Ea 19835

Nasser, G.A.: Egypt's Liberation. The philosophy of the revolution. Introd. by D.Thompsons. Washington 1956. 119 S. V Ea 23005

Petruchin,A.A.: (Die marxistisch-leninistische Theorie der sozialistischen Revolution und ihre Weiterentwicklung durch den 20.Parteitag, russ.:) Marksistsko-leninskaja teorija socialističeskoj revoljucii i dal'nejšee ee razvitie XX s-ezdom KPSS. Moskau 1958. 55 S. III Ea 21333

Radbruch,G.: Der Mensch im Recht. Ausgew. Vortr.u.Aufs.über Grundfragen d.Rechts. Göttingen 1957. 130 S. II Ea 23027

Šneerson,A.I.(Schnejerson,A.I.): Die Unterordnung des bürgerlichen Staates unter die Monopole. Übers.aus d.Russ. Berlin 1958. 408 S. I Ea 23267

Der Staat und die Verbände. Gespräch, veranst.vom Bundesverb.d.Dt. Industrie in Köln am 27.3.1957.mit Ref.v.U.Scheuner u.W.Weber. Hrsg.v. W.Beutler,G.Stein,H.Wagner. Anhang: Institutionelle Formen d.Zusammenarb.zwischen Staat u.Wirtschaftsverbänden im Ausland. Heidelberg 1957. 84 S. II Ea 19956

Zivs, S.L.: (Die Krisis der bürgerlichen Gesetzlichkeit in den gegenwärtigen imperialistischen Staaten, russ.:) Krizis buržuaznoj zakonnosti v sovremennych imperialističeskich gosudarstvach. Moskau 1958. 294 S. III Ea 15017

4.Geschichte der Staats-und Rechtstheorie

Albertini,R.von: Freiheit und Demokratie in Frankreich. Die Diskussion von d.Restauration bis zur Résistance. Freiburg i.Br.,München 1957. 369 S. II Ea 23239

Böckenförde, E.W.: Gesetz und gesetzgebende Gewalt. Von d.Anfängen d.dt.Staatsrechtslehre bis zur Höhe d.staatsrechtl.Positivismus. Berlin 1958. 360 S. II Ea 23181

Brunello, B.: L'Idea religiosa nella formazione della democrazia moderna. Lezioni tenute alla facoltà di Lettere dell'Università de Bologna durante l'anno 1953-1954. Bologna 1954. 105 S. V Ea 23278

Fassò,G.: I "quattro auttori" del Vico. Saggio sulla genesi della "Scienza nuova". Milano 1949. 135 S. V Ea 21454

Fassò,G.: La storia come esperienza giuridica. Milano 1953. 154 S. V Ea 21460

Our long Heritage.Pages from the books our founding fathers read. Ed.,with introd. comm.by W.O.Clough. Minneapolis 1955. 297 S. V Ea 23060

Huovinen,L.: Das Bild vom Menschen im politischen Denken Niccolò Machiavellis. Helsinki 1951. 169 S. V Ea 19954

Marsilius von Padua: Der Verteidiger des Friedens < defensor pacis >. Auf Grund d.Übers.von W.Kunzmann bearb.u.eingel.von H.Kusch. Bd 1.2. Berlin 1958, 2 Bde 1. 543 S. 2. S.546-1157 I Ea 23263

Matteucci, N.: Antonio Gramsci e la filosofia della prassi. Milano 1951. 152 S. V Ea 21463

Oktoberrevolution und Philosophie. Beitr.d.Deutschen Zeitschrift für Philosophie zum 40.Jahrestag der Großen Sozialistischen Oktoberrevolution. Berlin 1958. 262 S. I Ea 23254

Sidorov,M.I.: (G.V.Plechanov und die Fragen der Geschichte der russischen revolutionär-demokratischen Idee im 19.Jh.,russ.:) G.V.Plechanov i voprosy istorii russkoj revoljucionno-demokratičeskoj mysli 19 v. Moskau 1957. 146 S. III Ea 19952

5.Staats-und Rechtsgeschichte

Čel'cov - Bebutov,M.A.: (Abriss über die Geschichte des Gerichts - sowie des Strafprozesses i.d.Sklavenhalterstaaten sowie i.d.feudalen u.bürgerlichen Staaten, russ.:) Očerki po istorii suda i ugolovnogo processa v rabovladel'českich, feodal'nych i buržuaznych gosudarstvach. Moskau 1957. 839 S. III Ea 21094

Ebel,W.: Der Bürgereid als Geltungsgrund und Gestaltungsprinzip des deutschen mittelalterlichen Stadtrechts. Weimar 1958. 221 S. I Ea 23201

Finetti,L.P.: Storia della ricerca delle interpolazioni nel Corpus Juris giustinianeo. Milano 1953. 524 S. V Ea 21459

Quellen zur Karolingischen Reichsgeschichte. T.2. Jahrbücher von St.Bertin. Jahrbücher von St.Vaast. Xantener Jahrbücher. Unter Ben. d.Übers.von J.v.Jasmund u.C.Rehdantz neu bearb.von R.Rau. Berlin 1958. 400 S. I Ea 17076

Polska Akademia Nauk. Inst.Historii.(Die Bücher der Referendargerichte der Krone aus der zweiten Hälfte des 18.Jahrhunderts, poln.:) Ksiegi referendarii koronnej z drugiej połowy XVIII wieku. Tom 2. < 1781-1794.> Warschau 1957. 868 S. IV Ea 19950

Rossi,G.: Consilium sapientis judiciale. Studi e ricerche per la storia dea processo romanocanonico. 1. < Secoli 12-13.> Milano 1958. 377 S. V Ea 21465

Rossi,G.: La summa arboris actionum di Ponzio da Ylerda. Ed.critica con studio introduttivo. Milano 1951. 262 S. V Ea 21455

Ulbricht,W.: Zur Geschichte der deutschen Arbeiterbewegung. Aus Reden u.Aufs. Bd 4: 1950-1954. Berlin 1958. 863 S. I Ea 8641

Wieacker,F.: Vom Römischen Staat als Rechtsordnung. Freiburg i.Br. 1949. 42 S. II Ea 23156

6.Völkerrecht und Außenpolitik

Arangio-Ruiz, G.: Sulla dinamica della base sociale nel diritto internazionale. Milano 1954. 180 S. V Ea 19964

Belin,J.: La Suisse et les Nations Unies. Sous la direction du P.Guggenheim. New York 1956. 139 S. V Ea 23224

Survey of international affairs 1954. By C.Bell. Ed.by F.G.Benham. Oxford 1957. 329 S. V Ea 9015

Bung,H.: Die Auffassungen der verschiedenen sozialistischen Parteien von den Problemen Europas. Saarbrücken 1956. 116 S. II Eb 923

Ceccatto,G.N.: L'évolution juridique de la doctrine du plateau continental. Préf.de Ch.Rousseau. Paris 1955. 143 S. V Ea 23093

Celovsky,B.: Das Münchener Abkommen 1938. Stuttgart 1958. 518 S. II Ea 23025

Cyprian,T.;J.Sawicki: (Der Kampf um die Nürnberger Grundsätze, poln.:) Walka o zasady Norymberskie. 1945-1955. Warschau 1956. 492 S. IV Ea 23256

Day,G.: Le Droit de veto dans l'Organisation des Nations Unies. Préf.de A.Parodi. Paris 1952. 238 S. V Ea 23132

Fraenkel,E.: USA - Weltmacht wider Willen. Berlin 1957. 45 S. II Ea 23194

García-Mora,M.R.: International Law and asylum as a human right. Washington 1956. 171 S. V Ea 23006

Hanke,A.: Friedenspläne und Friedensorganisationen. Vom Dreißigjährigen Krieg bis zu den Vereinten Nationen. Düsseldorf 1956. 72 S. II Ea 23193

Herlitz,N.: Der nordische Rat. Voraussetzungen, Aufbau,Aufgaben. Bonn 1955. 16 S. II Ea 21398

Houston, J.A.: Latin America in the United Nations. Forew.by R.J. Alfaro. New York 1956. 345 S. V Ea 23007

Jones,F.C.;H.Borton,B.R.Pearn: The Far East 1942-1946.(Survey of international affairs 1939-1946. Ed.by A.Toynbee) London 1955. 589 S. V Ea 23191

Körber,W.: Atomenergieverwaltung im Ausland. Eine rechtsvergl.Studie. Göttingen 1958. 151 S. II Ea 23196

Lühe,E.: Atomenergierecht in Westeuropa, USA und Kanada. Eine systemat.Bestandsaufnahme u.Prüfg d.Vereinheitlichungsmöglichkeiten. Göttingen 1958. 329 S. II Ea 23198

Moltke,K.: Kampf ums Atommonopol. Berlin 1958. 193 S. I Ea 23203

Aktuelle Probleme des Internationalen Rechts. Problèmes Actuels de Droit International. Actual Problems of International Law. Vortr. d.7.Kongr.d.AAA in Deutschland. Berlin 1957. 214 S. II Ea 23289

Schaumann,W.: Die Gleichheit der Staaten. Ein Beitr.zu d.Grundprinzipien d.Völkerrechts. Wien 1957. 160 S. V Ea 23230

Šuršalov,V.M.: (Grundlagen der Rechtsgültigkeit der internationalen Verträge, russ.:) Osnovanija dejstvitel'nosti meždunarodnych dogovorov. Moskau 1957. 230 S. III Ea 19845

Ude,J.: Vom fünften Gebot Gottes bis zum erzwungenen Wehrdienst. Die Forderung an die Christen d.Zukunft. Rede,geh.von J.Ude gelegentl.d.Kundgebung d.Internationale der Kriegsdienstverweigerer in Oslo am 1.Dez.1956. Im Anh.: Die Weihnachtsbotschaft 1956 d.Papstes Pius XII.u.wir kathol.Kriegsdienstverweigerer. Wien 1956. 15 S. V Ea 23295

The Defenses of peace. Documents relating to UNESCO.The United Nations Educational Scientific and Cultural Organization. Part 2. Washington 1946. 48 S. V Ea 21204

A sacred Trust. The work of the United Nations for dependent peoples. New York 1957. 39 S. V Ea 19919

Vellas,P.;L.Inchauspé: Les Compétences du Conseil Economique et Social des Nations-Unies. Paris 1950. 171 S. V Ea 23225

Zemanek,K.: Das Vertragsrecht der internationalen Organisationen. Wien 1957. 159 S. V Ea 23229

7.Staatsrecht

Adamovich,L.: Handbuch des österreichischen Verfassungsrechts. 5.Aufl. Bearb.u.erg.von H.Spanner. Wien 1957. 485 S. V Ea 23234

Land und Leute. Albanien. Berlin 1958. 63 S. I Ea 23255

Bîrlădeanu,V.: Karlsruhe oder der Vorstoß der finsteren Mächte. Bukarest 1956. 69 S. IV Ea 23204

Brecht,A.: Wiedervereinigung. 3 Vorlesgn,geh.auf Einladung d.Jurist. Fak.am d.Univ.Heidelberg im Juli 1957. München 1957. 64 S.
II Ea 23222

Charlamov,M.V.: (Die Tätigkeit der KPdSU zur weiteren Festigung des sozialistischen Sowjetstaates, russ.:) Dejatel'nost' KPSS po dal'nejsemu ukrepleniju sovetskogo socialističeskogo gosudarstva. Moskau 1958. 47 S. III Ea 21445

Dickel,K.: Zur Militärpolitik der SPD. Hrsg.von d.Ges.zur Verbreitg wiss.Kenntnisse. Präs. Sektion Militärpolitik. Berlin 1958. 63 S. I Ea 23202

Ehrlich,St.: (Der sowjetische Staat, poln.:) Państwo radzieckie. Warschau 1950. 121 S. IV Ea 12385

Die Gleichberechtigung der Frauen in der UdSSR. Schriftmaterial des Internationalen Seminars in Moskau, 15.Sept.-1.Okt.1956. Moskau 1957. 394 S. III Ea 23153

Goguel,F.: Das französische Regierungssystem. Leitfaden-Quellenbuch. Köln, Opladen 1956-57. 2 Bde 1. Leitfaden. 107 S. 2. Quellenbuch. 185 S. II Ea 23197

Hoegner,W.: Leitfaden für Staatsbürgerkunde. 3.erw.u.verb.Aufl. Bonn, München,Wien 1958. 144 S. II Ea 23240

Jantzen,G.: Ghana. Betrachtungen zum Unabhängigkeitstag am 6.3.1957. Bonn 1957. 24 S. II Ea 23320

Lenin,V.I.: (Über die sowjetische sozialistische Demokratie,russ.:) O sovetskoj socialističeskoj demokratii. Moskau 1958. 110 S.
III Ea 19999

Levin,I.;V.Mamaev: (Die Staatsform der Länder des Arabischen Orients, russ.:) Gosudarstvennyj stroj stran arabskogo vostoka. Moskau 1957. 310 S. III Ea 23075

Mišin,A.A.: (Die Staatsform der USA, russ.:) Gosudarstvennyj stroj SSA. Moskau 1958. 99 S. III Ea 23118

Neubert,W.;K.Voigtländer: Probleme der nationalen Frage in Deutschland. Entstehungsursache, Wesen u.sozialer Inhalt d.nationalen Frage in Deutschland. Die Wiedervereinigungspolitik der SED. Berlin 1958. 106 S. I Ea 23080

Die Rumänische Arbeiterpartei - die marxistisch-leninistische Partei der Arbeiterklasse. Bukarest 1955. 69 S. IV Ea 23050

Wir haben einen bewährten Steuermann. [Betr.:Rumänische Arbeiterpartei.] Bukarest 1955. 76 S. IV Ea 23051

Institut Prava Akademii Nauk SSSR. (Das Staatsrecht der ausländischen sozialistischen Staaten, russ.:) Gosudarstvennoe pravo zarubežnych socialističeskych stran. Moskau 1957. 474 S. III Ea 15264

Ulbricht, W.: Die Entwicklung des deutschen volksdemokratischen Staates 1945-1958. Berlin 1958. 691 S. I Ea 23130

8.Verwaltungsrecht

Debeyre,G.: Le Droit public des Français. Paris 1956. 362 S.
V·Ea 23102

Die Frau in der Verwaltung im einfachen, mittleren und gehobenen Dienst. Dortmund 1957. 32 S. II Ea 23290

Beiträge zur Entwicklung der Deutschen Fürsorge. 75 Jahre Deutscher Verein. Köln, Berlin 1955. 564 S. II Ea 23219

Kayser,A.;L.Leiß: Die Amtshaftung bei Ausübung öffentlicher Gewalt. Eine Darstellg d.geltenden Rechts mit Wiedergabe d.gesamten einschlägigen Rechtsprechg in Leitsätzen u.Urteilsauszügen. 2.,völlig neu gest.Aufl. München, Berlin 1958. 1090 S. II Ea 23221

Markose,A.T.: Judicial Control of administrative action in India. A study in methods. Forew. by M.S.Setalvad. Madras 1956. 752 S.
V Ea 23226

9.Finanz-,Steuer-und Preisrecht

Die Besteuerung und die Sozialversicherung der Gartenbaubetriebe. Bearb.von G.Kossack u.a. 2.überarb.Aufl. Berlin 1955. 204 S.
I Ea 23142

10.Strafrecht, Strafprozeß

Bauer,F.: Das Verbrechen und die Gesellschaft. München, Basel 1957. 265 S. II Ea 23065

Besson,A.: Le Projét de réforme de la procédure pénal. Rapport. Projet de code de procédure pénale. Adopté par la Comm.d'Études Pénales Législatives,le 5 juillet 1955. Paris 1956. 75 S. V Ea 23092

Büchert,H.: Die Todesstrafe, geschichtl.,religiös u.rechtl.betrachtet. Berlin,Neuwied, Darmstadt 1956. 76 S. II Ea 23043

Händel,K.;R.Lochner;J.Rauschke: Handbuch für Verkehrsstrafen. Darmstadt, Nürnberg,Düsseldorf 1957. 656 S. II Ea 23036

Soziologie der Jugendkriminalität. Hrsg.von P.Heintz u.R.König. Köln, Opladen 1957. 188 S. II Ea 23185

Kalinowski, St.: (Der Verlauf des Strafprozesses, poln.:) Przebieg procesu karnego. Warschau 1957. 495 S. IV Ea 23074

Kern,E.: Strafrechtsfälle II. aus d.Besonderen Teil d.StGB.(Fälle mit Lösungen). 2.,durchges.Aufl. München, Berlin 1955. 98 S.
II Ea 23016

Mezger,E.: "Verbrechen als Schicksal" nach neueren japanischen Forschungen. Vorgetr.am 6.Juli 1956. München 1957. 7 S. II Ea 23175

Polan-Haraschin,J.: (Das Militärstrafrecht Großbritanniens, poln.:) Prawo karne wojskowe Wielkiej Brytanii. [Mit russ.u.engl.Résumé.] Warschau 1957. 141 S. IV Ea 21096

Rommeney,G.: Alkohol und Jugendkriminalität. Hamburg 1957. 11 S.
II Ea 23180

Rottenberg,M.: Der Sittlichkeitsverbrecher und seine strafrechtliche Behandlung < mit e.Exkurs über die Spuren >. Winterthur 1957. 170 S. V Ea 23228

Schmitt,R.: Strafrechtliche Maßnahmen gegen Verbände. Gleichzeitig e.Beitr.zur Lehre von d.strafrechtl.Unrechtsfolgen. Stuttgart 1958. 238 S. II Ea 23296

Právnický ústav ministerstva spravedlnosti. (Der tschechoslowakische Strafprozeß,tschech.:) Československé trestní řízení. Prag 1958. 421 S. IV Ea 15606

Was jeder vom Strafrechtsergänzungsgesetz wissen muss. Hrsg.v.Deutschen Institut für Rechtswissenschaft Potsdam-Babelsberg. Berlin 1958. 52 S. I Ea 19777

Welzel,H.: Das deutsche Strafrecht. Eine systemat.Darstellg. 6.Aufl. Berlin 1958. 489 S. II Ea 23227

11.Kriminalistik,Gerichtliche Medizin,Gerichtspsychiatrie,-psychologie

Leningradskij ordena Lenina Gosudarstvennyj Univ. im.A.A.Ždanova. (Operative Gerichtsphotographie, russ.:) Sudebno-operativnaja fotografija. Metodičeskoe posobie. Leningrad 1956. 48 S. III Ea 21405

Vinberg,A.I.;B.V.Šaver: Auszüge aus dem Lehrbuch Kriminalistik. 4.erg.Aufl... Moskau 1950. (Übers.aus dem Russ.) Berlin 1957. 114 S. I Ea 16541

12.Gerichtsverfassung(einschließlich Staatsanwaltschaft, Justizverwaltung,Notariat,Anwaltschaft)

International Bar Association. 6 th Conference of the International Bar Association. Oslo,Norway,July 23-27,1956. Summary of proceedings International code of ethics for the legal profession. Sel.papers and list of authors, conferees,patrons and committee members. Den Haag 1957. 396 S. V Ea 23139

Šejnin,L.: Das sowjetische Volksgericht. Moskau 1957. 122 S. III Ea 23055

13.Zivilrecht

Unsere Arbeiterwohnungsbaugenossenschaften. 2.,verb.u.erw.Aufl. Berlin 1958. 141 S. I Ea 23265

Eichler,H.: Institutionen des Sachenrechts. Ein Lehrbuch. Bd 2, Halbbd 1. Eigentum u.Besitz. Berlin 1957. 308 S. II Ea 10768

Ferri,L.: La trascrizione degli acquisti "mortis causa" e problemi connessi. Milano 1951. 201 S. V Ea 21452

Gintowt,M.;J.Grzeszyk: (Entscheidungen des Obersten Gerichts über die zivilrechtliche Verantwortlichkdit der Mitarbeiter bei Fehlbeträgen (Manko),poln.:) Orzecznyctwo sądu najwyższego w sprawach odpowiedzialności cywilnej pracowników z tytułu niedoborów < mank >. Warschau 1958. 34 S. IV Ea 21427

Hartung,H.: Die allgemeine Haftpflichtversicherung. Deckungsbereich u.Grenzen. Berlin 1957. 184 S. II Ea 23217

Ioffe,O.S.: (Sowjetisches Zivilrecht, russ.:) Sovetskoe graždanskoe pravo. < Kurs lekcij.> Obščaja čast',pravo sobstvennosti. Obščee učenie ob objazatel'stvach. Leningrad 1958. 510 S. III Ea 21496

Lassally,O.: Deutsches Lärmbekämpfungsrecht. Alfeld/Leine 1955. 128 S. II Ea 23157

Milani,F.: Distinzioni delle servitu prediali. Milano 1948. 502 S. V Ea 21456

Oschmann,M.;H.G.Pergande: Baukostenzuschuß und Abstandszahlung. Mieterbeiträge in Recht u.Rechtsprechg systemat.f.d.Praxis dargest. Köln-Braunsfeld 1958. 104 S. II Ea 23309

Zur Reform des Genossenschaftsrechts.Referate u.Mat. Bd 2.Hrsg.vom Bundesjustizministerium. Bonn 1958. 265 S. II Ea 18759

Salvi,F.: La cessione dei beni ai creditori. Milano 1947. 264 S. V Ea 21457

Westermann,H.: Person und Persönlichkeit als Wert im Zivilrecht. Köln, Opladen 1957. 55 S. II Ea 23070

Soziale Wohnungswirtschaft. Rechtl.u.wirtschaftl.Grundlagen. Köln 1957. 48 S. II Ea 23314

Zaki,M.G.E.: La bonne Foi dans l'acquisition des droits en droit privé. Étude comparée. Kairo 1952. 392 S. V Ea 21511

14.Urheber-und Erfinderrecht

Blum,R.E.;M.M.Pedrazzini: Das schweizerische Patentrecht. Komm.zum Bundesges.betr.d.Erfindungspatente vom 25.6.1954. Bd 1.Umfassend die Art.1-16. Bern 1957. 511 S. V Ea 23020

Gieseke,L.: Die geschichtliche Entwicklung des deutschen Urheberrechts. Göttingen 1957. 156 S. II Ea 23291

Lienhart,E.E.: Was man vom Erfindungsschutz wissen muß. Abr.d.neuen schweizer.Patentrechtes. Gümligen/Bern 1956. 30 S. V Ea 23237

Strauss,W.: Urheberpersönlichkeitsrechte in den Vereinigten Staaten. Baden-Baden 1957. 56 S. II Ea 23009

Wedler,H.: Fotorecht.< Rechtsfragen d.Fotografie.> 3.erw.Aufl. Halle 1958. 200 S. I Ea 23261

15.Vertragssystem und vertragsgerichtliches Verfahren

Panzer,W.: Die Verantwortlichkeit für Dritte in den Vertragsverhältnissen zwischen sozialistischen Wirtschaftsorganisationen. Berlin 1958. 175 S. I Ea 21501

(Bericht über die Änderungen der Normen, die die Wirtschaftsbeziehungen der Betriebe regeln, tschech.:) Zpráva o změnách norem upravujících hospodářské vztahy podniku. Prag 1958. 33 S. IV Eb 1002

16. Handelsrecht, Wertpapierrecht, Kartell-und Wettbewerbsrecht

Biedenkopf, K.H.; R.Callmann; A.Deringer: Aktuelle Grundsatzfragen des Kartellrechts. Heidelberg 1957. 76 S. II Ea 19991

Fabiunke, G.: Der "Volkskapitalismus" in Theorie und Praxis. Unter bes.Berücks.d.gegenwärt. Standes d.Eigentumsdebatte in Westdeutschland. Berlin 1957. 75 S. I Ea 19400

Hämmerle, R.: Das genossenschaftliche Nichtmitgliedergeschäft. Heidelberg 1956. 32 S. II Ea 19918

WuW-Entscheidungssammlung zum Kartellrecht. T.1.2. Düsseldorf 1957 ff. (Loseblattsammlung) II Ea 23322

Aktuelle Probleme des Genossenschaftswesens. Tagung des Forschungsinstitutes f.Genossenschaftswesen an der Univ.Wien 1956. Von F.Klein [u.a.] Göttingen 1957. 72 S. II Ea 19498

Rabich, F.: Der Weg zum Volkskapitalismus. Düsseldorf 1957. 94 S. II Ea 19096

Rieker, K.: Vermögensbildung in der Hand der Arbeitnehmer. Köln 1957. 4 S. II Eb 97

Schneider, H.; H.Zartmann; G.Martin: Familienunternehmen und Unternehmertestament. Rechtl.u.steuerl.Gestaltungsmöglichkeiten d.Familienunternehmen. 2.Aufl. Heidelberg 1956. 447 S. II Ea 23084

Soziale Sicherung durch Neuordnung des Eigentums. Vortragsreihe d. 4.Kathol.Sozialen Woche 1953 im München. Hrsg.v.d.Arbeitsgemeinschaft d.Kathol.Sozialen Woche. Augsburg 1953. 158 S. II Ea 19931

Ulbrich, H.: Das Miteigentum der Arbeitnehmer. Eine krit.Untersuchung aus betriebssozialer Sicht. Baden-Baden, Frankfurt/M.1957. 121 S. II Ea 19978

17. LPG-Recht, Bodenrecht, Landwirtschaftsrecht

Dudinskij, I.: (Wie die Werktätigen in den europäischen volksdemokratischen Ländern den Sozialismus aufbauen, russ.:) Kak trudjaščiesja evropejskich stran narodnoj demokratii strojat socializm.[Betr. Aufbau d.Soz.auf dem Lande] Moskau 1957. 77 S. III Ea 19951

Gellermann, O.: Staten och jordbruket 1867-1918. Stockholm 1958. 391 S. V Ea 21429

Grieco, R.: Der Kampf der italienischen Bauern um Boden und Freiheit. Auswahlbd. Berlin 1958. 143 S. I Ea 19861

Juglart, M.de: Droit rural spécial. Paris 1949. 271 S. V Ea 19963

Mohr, W.: Kurze Rechtskunde für Land- und Forstwirtschaft. Eine Einf. f.Land-u.Forstwirte, Grundbesitzer u.landwirtschaftl.Schulen. 3.Aufl. Wien 1957. 119 S. V Ea 23292

Patel, G.D.: The Indian Land problem and legislation. With a foreword by S.M.Desai. Bombay 1954. 534 S. V Ea 23155

United Nations. Dep of Ec.and Soc.Affairs. Progress in land reform. 2nd rep. Analysis of replies by governments to a United Nations questionnaire. Prep.jointly by the secr.of the United Nations, the Food and Agriculture Organization and the International Labour Organisation. New York 1956. 190 S. V Ea 19917

18.Familienrecht

(Das Familiengesetz, ungar.:) A családjogi törvény. Összeállították és a magyarázatokat írták J.Bacsó, G.Rády, V.Szigligeti. Budapest 1955. 489 S. IV Ea 23110

Kapadia,K.M.: Marriage and family in India. 2nd ed. London 1958. 318 S. V Ea 23095

Riou,M.: Le Fonds de commerce dans les régimes matrimoniaux.Préf. de J.Hamel. Paris 1953. 418 S. V Ea 23091

Salvi,F.: Il possesso di stato familiare. Milano 1952. 180 S. V Ea 21461

19.Zivilprozeß und Freiwillige Gerichtsbarkeit

Union Internationale des Avocats. Arbitrage international commercial. International commercial arbitration. Rapporteur General P.Sanders. Paris 1958. 483 S. V Ea 23085

Besson,A.: Cassation. Extrait du Tome 1 du répertoire de procédure civile et commerciale. Paris 1955. 155 S. V Eb 926

Commercial Arbitration and the law throughout the world. Summary of the rules concerning arbitration agreements, procedure, arbitral awards, enforcement of awards, means of recourse by Intern.Headquarters of the International Chamber of Commerce. Basel 1951. getr.Pag. V Ea 19838

Groß,K.: Die Entscheidungen der Gerichte. Flensburg 1956. S.209-248. II Ea 23113

Krjučkov,G.K.: (Gerichtliche Feststellung juristischer Tatsachen, von denen die Entstehung,Abänderung oder das Aufhören der persönlichen Rechte oder der Vermögensrechte der Bürger abhängig ist, russ.:) Sudebnoe ustanovlenie faktov, ot kotorych zavisit vozniknovenie, izmenenie ili prekraščenie ličnych ili imuščestvennych prav graždan. Moskau 1956. 102 S. III Ea 12995

Leiss,L.: Die Vertretung des Reichs, des Bundes und der Länder vor den ordentlichen Gerichten. Eine Darst.d.Rechtslage mit allen einschläg.Vorschriften, Texten u.Gerichtsentscheidungen. München,Berlin 1957. 181 S. II Ea 23067

Poggeschi,R.: Le associazioni e gli altri gruppi con autonomia patrimoniale nel processo. Milano 1951. 270 S. V Ea 21464

Siedlecki,W.: (Die Entscheidungsgrundsätze im Zivilprozeß, poln.:) Zasady wyrokowania w procesie cywilnym. Warschau 1957. 322 S. IV Ea 23109

Sottung,R.: Die Pfändung der Eigentümergrundschuld. Berlin,Köln 1957. 119 S. II Ea 23171

Vsesojuznyj Institut Juridičeskich Nauk. (Zivilsachen, russ.:) Graždanskie dela. Moskau 1957. 166 S. III Ea 21180

20. Arbeits-und Sozialrecht incl. Verfahren

(Die Arbeiterselbstverwaltung in Jugoslawien, poln.:) Samorząd robotniczy w Jugoslawii. Warschau 1957. 48 S. IV Ea 23112

Autié, D.: La Rupture abusive du contrat de travail. Préf. de H. Picard. Paris 1955. 199 S. V Ea 23101

Apostol, G.: Die rumänischen Gewerkschaften beim Aufbau des Sozialismus. Berlin 1958. 56 S. I Ea 23124

Bauernfeind, H.: Die Mitgliedschaft in Koalitionen. Düsseldorf 1957. 110 S. II Ea 23319

Ching, C.S.: Ein Leben für den Arbeitsfrieden. Meisenheim am Glan 1957. 194 S. II Ea 23015

Court, A.; J. Dedieu; L. Lebègue: Règlementation du travail et organisation sociale. Paris 1955. 349 S. mit Suppl. V Eb 925

Goldberg, A.J.: AFL-CIO. Labor United. New York, Toronto, London 1956. 319 S. V Ea 23028

Grell, D.: Der Betriebsinhaberwechsel. Zugl. e. Beitrag zur Lehre von Arbeitsverhältnis u. Betrieb. Berlin 1957. 174 S. II Ea 23170

Kinderarbeit auf dem Lande. Mit Beiträgen von Ch. Hasenclever u. R. Frenzel-Meyer zur Capellen. Hannover 1957. 67 S. II Ea 23325

Köhler, F.: Drei gerechte Forderungen. Der Metallarbeiterstreik in Schleswig-Holstein. Berlin 1958. 113 S. I Ea 23121

Kuczynksi, J.; R. Hoppe: Geschichte der Kinderarbeit in Deutschland 1750-1939. Bd 1.2. Berlin 1958, 2 Bde Bd 1. Geschichte. 406 S. Bd 2. Dokumente. 339 S. I Ea 19995

Levi, L.R.: Linee di una teoria giuridica della previdenza sociale. Lezioni. Milano 1953. 133 S. V Ea 19962

Mancini, G.F.: La responsabilità contrattuale del prestatore di lavoro. Milano 1957. 176 S. V Ea 21453

Mantel-Tarifvertrag für die Angestellten des Einzelhandels in Baden-Württemberg vom 15. November 1956. Stuttgart 1957. 15 S. II Ea 23335

Menesclou, R.: Le Droit et les conflits du travail. Paris 1956. 183 S. V Ea 23271

Potthoff, E.: Der Kampf um die Montan-Mitbestimmung. Köln-Deutz 1957. 150 S. II Ea 19979

Riepenhausen, B.: Das Arbeitsrecht der Bühne. Systemat. Darst. d. Rechtsprechung d. Bühnenoberschiedsgerichts. 2., erw. Aufl. Berlin 1956. 342 S. II Ea 23166

(Vorschriften über die Sicherheit und den Schutz der Gesundheit bei der Arbeit, tschech.:) Předpisy o bezpečnosti a ochrane zdraví při práci. Prag 1958. 646 S. IV Ea 21430

Sozialplan für Deutschland. Auf Anregg d.Vorst.d.SPD vorgel.von W. Auerbach u.a. Berlin, Hannover 1957. 208 S. II Ea 23248

Sozialpolitik und Sozialreform. Ein einf.Lehr- u.Handbuch d.Sozialpolitik. Hrsg.von E.Boettcher. Tübingen 1957. 344 S. II Ea 23277

Stelter,K.: Die Berufung der Staats- und Wirtschaftsfunktionäre. Berlin 1958. 115 S. I Ea 23126

Stelter,K.: Das Recht der Kündigung. Die Beendigung von Arbeitsrechtsverhältnissen in der Deutschen Demokratischen Republik. Berlin 1958. 203 S. I Ea 23077

Wlotzke,O.: Das Günstigkeitsprinzip im Verhältnis des Tarifvertrages zum Einzelarbeitsvertrag und zur Betriebsvereinbarung. Heidelberg 1957. 187 S. II Ea 19915

Wyszomirksi,K.: (Weshalb und wie errichten wir Gesundheitsgenossenschaften auf dem Lande?, poln.:) Dlaczego i jak zakładamy spółdzielnie zdrowia na wsi. Warschau 1956. 103 S. IV Ea 12384

21.Internationales Privatrecht

Makarov,A.N.: Die deutsche Rechtsprechung auf dem Gebiete des internationalen Privatrechts in den Jahren 1952 und 1953. Berlin, Tübingen 1957. 758 S. II Ea 23159

Popescu,T.R.: (Juristische Probleme auf dem Gebiet der internationalen Handelsbeziehungen der Volksrepublik Rumänien, rumän.:) Probleme juridice in relatiile comerciale internationale ale R.P.R. Bukarest 1955. 271 S. IV Ea 19821

Réczei,L.: (Internationales Privatrecht, ungar.:) Nemzetközi magánjog. Budapest 1955. 580 S. IV Ea 23210

Schnitzer,A.F.: Handbuch des internationalen Privatrechts einschl. Prozeßrecht, unter bes.Berücks.d.Schweiz.Gesetzgebung u.Rechtsprechung. 4.,neubearb.Aufl. Bd 1.2. Basel 1957-58. 2 Bde 1.1957.494 S. 2. 1958. S.497-1072 V Ea 19966

22.Festschriften

Deutsche Akademie der Wissenschaften zu Berlin 1946-1956.(Festschrift) Berlin 1956. 447 S. I Eb 921

Estudios de derecho del trabajo. En memoria de A.M.Unsain. Florida, Buenos Aires 1954. 554 S. V Ea 23138

Grundprobleme des Internationalen Rechts. Problems fondamentaux du Droit international Fundamental problems of International Law. Festschr.f.J.Spiropoulos. Bonn 1957. 471 S. II Ea 19841

Scritti della Facoltà Giuridica di Bologna in onore du Umberto Borsi. Padova 1955. 686 S. V Ea 21451

23.Juristische Ausbildungs-und Prüfungsfragen

Degenhart,M.;F.Decker: Aufgaben der ersten juristischen Staatsprüfung. Fälle mit Besprechgn. München,Berlin 1950. 228 S. II Ea 23042

D. ÜBERSETZUNGEN AUS DER ZEITSCHRIFT "SOVETSKOE GOSUDARSTVO I PRAVO[1]

Inhaltsverzeichnis von 1958, Heft 6:

In den Kommissionen für Gesetzesvorschläge des Unionssowjets und des Nationalitätensowjets des Obersten Sowjets der UdSSR. S.3 -

Die Hauptprinzipien der Strafgesetzgebung der Union der UdSSR und der Unionsrepubliken (Entwurf) S.3 - 12

Grundlagen des Strafverfahrens der Union der SSR und der Unionsrepubliken (Entwurf) S.12 - 20

Artikel

Petrov, G.I.: Die Aufgaben der Kodifizierung des sowjetischen Verwaltungsrechts. S.21 - 30

Levin, D.B.: Das Problem der Sicherung des Friedens und die Hauptprinzipien des Völkerrechts. S.31 - 39

Reintanz, G.: Die Deutsche Demokratische Republik - ein Subjekt des Völkerrechts. S.40 - 46

Vasilev, L.(Wassiljew,L.): Zur Frage der auswärtigen Funktionen des sozialistischen Staates. S.47 - 57

Ptičnicyna, K.A.(Ptitschnizyna,K.A.): Über die wirtschaftlich-organisatorische und die kulturell-erzieherische Funktion des Sowjetstaates in der ersten Phase seiner Entwicklung. S.58 - 69

Pavlovskij, R.S.(Pawlowskij,R.S.): Neue Bestimmungen über die örtlichen Sowjets der Deputierten der Werktätigen der UdSSR und die Fragen der Leitung der örtlichen Industrie. S.70 - 78

Pašerstnik, A.E.(Pascherstnik,A.E.): Fragen der Untersuchung von Arbeitsstreitsachen in der Verordnung des Plenums des Obersten Gerichts der UdSSR vom 13.September 1957. S.79 - 91

Genkin, D.M.(Gjenkin,D.M.): Das Eigentumsrecht als absolutes subjektives Recht. S.92 -102

Štutin, J.L.; M.J.Bjalik(Schtutin,I.L.): Einige Fragen des Schiedsverfahrens. S.103-113

Čel'cov, M.A.(Tschelzow,M.A.): Über die Grenzen der Befugnisse des Gerichtsmediziners. S.114-121

Šargorodskij, M.D.(Schargorodskij,M.D.): Die Philosophie des Existentialismus und die bürgerliche Rechtstheorie. S.122-132

1) Die hier angezeigten Artikel werden laufend übersetzt und sind gemäß der Benutzungsordnung der Bibliothek des Deutschen Instituts für Rechtswissenschaft ausleihfähig.

Bažanov,M.I.;V.I.Tkacenko(Bashanow,M.I.): Die Klassifizierung des Rowdytums nach dem sowjetischen Strafrecht. S.133-138

Mitteilungen und Bemerkungen

Sternik,I.B.: Die Entstehung der revolutionären Gesetzlichkeit in Turkestan. S.139-143

Tarasov,V.D.: Zur Frage der Begründung von Freisprüchen. S.144-148

Wissenschaftliches Leben

Nesterov,V.S.: Beratung der sowjetischen Vereinigung des Völkerrechts. S.149-152

In der sowjetischen Vereinigung für Völkerrecht. S.152-

Rezensionen

Subockij,J.V.;J.B.Ulanovskij: Verteidigungsreden sowjetischer Anwälte. S.153-157

Lernell,L.: V.A.Stanik, Das Strafrecht der Volksrepublik Polen. S.157-161

Die Rechtswissenschaft im Ausland

Blisčenko,I.P.;O.S.Charchardin(Blischtschenko,I.P.): "Völkerrecht und Politik in Dokumenten". S.162-163

Ginoburg,L.J.(Ginzburg,L.J.): Jean Rivevo und Jean Savatier, Arbeitsrecht. S.163-165

Kan,A.S.: D.Rustow, Kompromißpolitik. Studien über die Parteien und die Regierung in Schweden. S.166-168

Die Gesetzgebung im Ausland

Die wichtigsten Gesetzgebungsakte ausländischer Staaten (Januar - Februar 1958) S.169-171

Bibliographie

Die neue juristische Literatur in der UdSSR (Februar - März 1958) S.172-174

Die juristische Literatur im Ausland (1956 -1957) S.174-176

Inhaltsverzeichnis von 1958, Heft 7:

Ein wichtiger Schritt auf dem Wege der Weiterentwicklung der Sowjetdemokratie und der Festigung der sozialistischen Gesetzlichkeit. S.3 - 9

Kravčuk,S.S.(Krawtschuk,S.S.): Die Hauptprinzipien der ersten Sowjetverfassung. S.10 - 21

Bachowkina,L.N.: Zur Frage der Rechtsobjekte des kollektivwirtschaftlichen Eigentums. S.22 - 32

Novickij,I.B.(Nowizkij,I.B.): Über die Verantwortung der sozialistischen Organisationen bei Verletzung der Vertragsdisziplin. S.33 - 42

Tadevosjan,V.S.: Einige Fragen des Wohnrechts. S.43 - 51

Galina, A.: Zur Frage des interplanetaren Rechts. S.52 - 58

Lebedev,M.P.;B.N.Topornin: Die Nationalkomitees der Volksdemokratie Jugoslawien in der gegenwärtigen Etappe. S.59 - 68

Gantman,V.I.: Eine neue Variante der reformistischen Theorie des bürgerlichen Staates. S.69 - 81

Die Erörterung von Fragen der Straf- und der Strafprozeßgesetzgebung

Strogovič,M.S.(Strogowitsch,M.S.): Über den Entwurf der Grundlagen des Strafverfahrens der Union der SSR und der Unionsrepubliken. S.82 -89

Boldyrev,V.A.(Boldirjew,W.A.): Über die Kodifizierung der Straf- und der Strafprozeßgesetzgebung der Republik. S.90 - 98

Stručkov,N.A.(Strutschkow,N.A.): Das Problem der Bestrafung im Entwurf der Strafgesetz gebung der Union und der Republik. S.99 -104

Zgurskaja,E.I.(Sgurskaja,E.I.): Die wichtigsten Fragen der Entwürfe zu den Grundlagen des Strafverfahrens der Union der SSR und der Unionsrepubliken und die Strafprozeßordnung der Ukrainischen SSR. S,100-110

Kudrjavcev,V.N.;B.S.Nikiforov(Kudrjawzjew,W.N.): Die Einschränkung der Rechte auf Grund des Entwurfs der Hauptprinzipien der Strafgesetzgebung der Union der SSR und der Unionsrepubliken. S.111-114

Karev,D.S.(Karjew,D.S.): Einige Bemerkungen zum Entwurf der Grundlagen des Strafverfahrens der Union der SSR und der Unionsrepubliken. S.115-119

Blum,M.I.: Über die Stellung der Verbrechen gegen das sozialistische Eigentum im System des Besonderen Teils der Strafgesetzbücher der Unionsrepubliken. S.120-123

Mitteilungen und Bemerkungen

Glotova,I.A.;I.P.Aleksandrova(Alexandrowa,I.P.): Über die Akte des Volkswirtschaftsrates. S.124-127

Okonišnikov,A.P.(Okonischnikow,A.P.): Über die Pläne zur Überprüfung der Japanischen Verfassung. S.128-132

Wissenschaftliches Leben

Diskussion über die Arbeit der Zeitschrift "Sowjetstaat und Sowjetrecht" während des Jahres 1957. S.133-134

Poljanicyna, N.I.(Poljanizina,N.I.): Leserkonferenz der Zeitschrift "Sowjetstaat und Sowjetrecht" in Saratow. S.135-137

Rezensionen

Pokrovskij,V.S.;J.I.Avdeev;V.M.Kleandrova(Pokrowskij,W.S.;J.I. Awdejew;W.M.Kleandrowa): Zwei Sammelwerke von Dokumenten über die Geschichte der Sowjetverfassung. S.138-140

Ladyženskij,A.M.(Ladishenskij,A.M.):"Fragen des internationalen Privatrechts". S.141-143

Ostroumov,G.S.G.V.Lil'je(Lilje,G.W.): Die chinesische rechtswissenschaftliche Zeitschrift "Czenfajan'ozju" Nr.4-6/1956 und Nr. 1-6/1957. S.144-147

Über die Tagung der Internationalen Vereinigung der Rechtswissenschaften der UNESCU in Rom. S.148-152

Die ausländische Gesetzgebung

Wichtige Gesetzgebungsakte der ausländischen Staaten (Februar - März 1958) S.153-156

Bibliographie

Die neue juristische Literatur in der UdSSR (März-April 1958) S.157-160

E. 19.(33.) VERZEICHNIS DER IN DER BIBLIOTHEK DES DEUTSCHEN INSTITUTS FÜR RECHTSWISSENSCHAFT VORHANDENEN UNVERÖFFENTLICHTEN ÜBERSETZUNGEN [1)]

1.Gesetzesmaterialien und Dokumente (auch Verfassungen und Kurzkommentare)

Gesetz Nr 15 vom 17.4.1958 über die Änderung der Vorschriften über die Adoption. Zákon o změně oredpisu o osvojení [dt.] 4 S.
Aus: Sbírka zákonu. 1958/5.
[Betr.: ČSR.] ÜT 555

Gesetz No 4 vom Jahre 1957 "Über die allgemeinen Regeln des Staatsverwaltungsverfahrens". 40 S.
[Betr.: Ungarn.] ÜUn 213

Zum Gesetz über die künstliche Schwangerschaftsunterbrechung. K zákonu o umělém přerušení těhotenství [dt.] 1 S.
Aus: Rudé právo. 1958/Nr 8 v.8.1.1958. ÜT 508

Gesetz No 5 vom Jahre 1957 "Über die Staatsbürgerschaft." 10 S.
[Betr.: Ungarn.] ÜUn 212

Statut des Zentralverbandes der Arbeitsgenossenschaften. Statut Centralnego Związku Spółdzielczości Pracy [dt.] 14 S.
Orig.ersch.: Warszawa 1957.
[Betr.: Polen.] ÜP 673

Dekret vom 8.März 1946 über die verlassenen und von den deutschen Staatsbürgern zurückgelassenen Vermögen. 21 S.
Aus: Gesetzblatt. 1946/13.
[Betr.: Polen.] ÜP 676

2.Philosophie

Demičev, V.A.: J.P.Koselski über den Gegenstand der Philosophie und die Klassifizierung der Wissenschaften. Ja.P.Kozel'skij o predmete filosofii i klassifikacii nauk [dt.] 18 S.
Aus: Voprosy filosofii. 1958/4.
[Betr.: UdSSR.] ÜR 1192

1) Die hier angezeigte Literatur ist gemäß der Benutzungsordnung der Bibliothek des Deutschen Instituts für Rechtswissenschaft für die Mitglieder des Deutschen Instituts für Rechtswissenschaft, Ministerien und zentrale Institutionen der Deutschen Demokratischen Republik und nach der Leihverkehrsordnung der Bibliotheken ausleihfähig.-Verzeichnis 1 - 4 erschien hektographiert, Verzeichnis 5 - 14 ist enthalten im Mitteilungsblatt des Deutschen Instituts für Rechtswissenschaft 1953, Nr.1 - 1955, Nr 3

Efimov,V.T.;S.M.Kosolapov: Zur Literatur über Fragen der kommunistischen Moral. O literature po voprosam kommunističeskoj morali [dt.] 15 S.
Aus: Voprosy filosofii. 1958/3.
[Betr.: UdSSR.] ÜR 1194

Moročnik, S.B.: Über die abstrakten und die realen Möglichkeiten. Ob abstraktnych i real'nych vozmožnostjach [dt.] 22 S.
Aus: Voprosy filosofii. 1956/5. ÜR 1194

Perlov,I.S.: Es ist erforderlich konkret an die Frage der Widersprüche heranzugehen. Neobchodim konkretnyj pochod k voprosy o protivorečijach [dt.] 14 S.
Aus: Voprosy filosofii. 1956/4. ÜR 1186

Die italienische Version des "Volkskapitalismus". Versiunea Italiana A "Capitalismului Popular" [dt.] Kommentar. 6 S. ÜRum 91
Aus: Probleme ecconomice. 1957/9.

3.Rechtswissenschaft (Aufgaben und Methoden)

Čchikvadze,V.: Wichtige Fragen der sowjetischen Rechtswissenschaft. Vaznejsie voprosy sovetskoj pravovoj nauki [dt.] 15 S.
Aus: Sovetskaja justicija. 1958/3. ÜR 1189

Aus den Diskussionen im Kabinett für Rechtswissenschaft der Slowakischen Akademie der Wissenschaften in Bratislava. Z diskusií v Kabinete právnych vied SAV v Bratislave [dt.] 7 S.
Aus: Právník. 1958/2-3. ÜS 127

Vorschläge für die Gesetzgebung. Die Erörterung der Entwürfe des Gerichtsverfassungsgesetzes, des Strafgesetzbuches und der Strafprozessordnung der RSFSR. Obsuždenie protektov zakona o sudoustrojstve, ugolovnogo i ugolovno-processual'nogo kodeksov RSFSR [dt.]
Mitarb. F. Gerasčenko [u.a.] 24 S.
Aus: Sovetskaja justicija. 1958/1. ÜR 1177

4.Staats- und Rechtstheorie

Bednarski,St.: Im Zusammenhang mit dem Artikel Zygmunt Izdebskis unter dem Titel "Die Revision der Theorie der Gewaltenteilung". W zwiazku z artykułem Zygmunta Izdebskiego pt."Rewizja teorii podziału władz" [dt.] 11 S.
Aus: Państwo i prawo. 1958/3.
[Betr.: Polen.] ÜP 680

Bystřina,I.: Gegen die dogmatische Auslegung der Entstehung der volksdemokratischen Ordnung in der ČSR. Proti dogmatickému výkladu vzniku lidové demokratického zřizení v Československu [dt.] 37 S.
Aus: Nová mysl. 1957/2.
[Betr.: ČSR.] ÜT 506

Lisiakiewicz, L.: Gesetzlichkeit und Rechtsverhältnisse in der Sowjetgesellschaft [Rezension von] Aleksandrov, N.: Zakonnost'i pravootnošenija v sovetskom obščestve [dt.] 13 S.
Aus: Państwo i prawo. 1957/7-8. ÜP 617

Wawilowa,M.: A.Stelmachowski, Über angebliche "Strömungen" in der Rechtsprechung des Obersten Gerichts. O zekomych "nurtach" w orzecznictwie sadu najwyzszego. [dt.] 14 S.
Aus: Nowe prawo. 1957/9.
[Betr.: Polen.] ÜP 683

5.Geschichte der Staats-und Rechtstheorie

Keine Eingänge

6.Staats- und Rechtsgeschichte

Žoldak, I.A.: Der Charakter und einige Besonderheiten der November-revolution vom Jahre 1918 in Deutschland. O charaktere i nekotorych osobennostjach Nojabr'skoj revoljucii 1918 g.v Germanii [dt.] 38 S.
Aus: Voprosy istorii. 1958/2. ÜR 1188

7.Völkerrecht und Außenpolitik

Slavík,Z.F.: Die Eisenhower-Doktrin ist mit den Grundsätzen der UN-Charta unvereinbar. Neslučitelnost Eisenhowerovy doktriny se zásadami Charty OSN [dt.] 15 S.
Aus: Právník. 1957/4. ÜT 504

8.Staatsrecht

Szyr, E.: Die Richtungen der weiteren Umgestaltungen der Nationalräte. Kierunki dalszych przeobrażeń rad narodowych [dt.] 31 S.
Aus: Nowe drogi. 1957/12.
[Betr.: Polen.] ÜP 619

Zakrzewski,W.: Das Problem der Verfassungsrevision. Zagadnienie rewizji Konstytucji [dt.] 25 S.
Aus: Państwo i prawo. 1957/4-5.
[Betr.: Polen.] ÜP 688

9.Gerichtsverfassung(einschließlich Staatsanwaltschaft, Justizverwaltung,Notariat und Anwaltschaft)

Gucenko,K.: Aus der Geschichte der Kreisgerichte. Iz istorii obščestvennych sudov [dt.] 14 S.
Aus: Sovetskaja justicija. 1957/6.
[Betr.: UdSSR.] ÜR 1079

Kádár,M.: Schnellgerichtsbarkeit - Richterliche Unabhängigkeit. Rögtönbíráskodás - Bírói függetlenség [dt.] 12 S.
Aus: Magyar jog. Jg 4, 1957/3.
[Betr.: Ungarn.] ÜUn 226

Lipczyńska,M.: Die Stellung des Ermittlungsreferendars der Staatsanwaltschaft de lege lata und de lege ferenda. Stanowisko referendarza sledczego prokuratury de lege lata i de lege ferenda. [dt.] 10 S.
Aus: Nowe prawo. 1957/9.
[Betr.: Polen.] ÜP 685

Stepanova,A.: Über die Arbeit der Notariate und deren Anleitung. O rabote notarial'nych kontor i rukovodstve imi. [dt.] 11 S.
Aus: Sovetskaja justicija. 1957/7.
[Betr.: UdSSR.] ÜR 1081

10.Verwaltungsrecht und Allgemeine Aufsicht des Staatsanwalts

Kakol,K.: Wissenschaftliche Tagung des Komitees für Rechtswissenschaften der Polnischen Akademie der Wissenschaften gewidmet der Diskussion des Referates Prof.A.Chelmońskis unter dem Titel "Der Anteil der Belegschaft an der Verwaltung der staatlichen Betriebe und die Eigentumsverhältnisse. Zebranie naukowe KNP pan poświecone dyskusji nad referatem Prof.A.Chelmońskiego "Udzial załogi w zarzadzaniu przedsiębiorstwem państwowym a stosunki własnościowe" [dt.] 14 S.
Aus: Państwo i prawo. 1958/3. ÜP 686

Torčinskij,G.: L.Borščevskij, Die Organisierung des juristischen Dienstes in den Volkswirtschaftsräten. Organizacija juridičeskoj služby v sovnarchozach i na predprijatijach [dt.] 11 S.
Aus: Sovetskaja justicija. 1958/2.
[Betr.: UdSSR.] ÜR 1175

Toropov,G.: Über die Grenzen der allgemeinen Aufsicht der sowjetischen Staatsanwaltschaft. O granicach obščego nadzora sovetskoj prokuratury [dt.] 15 S.
Aus: Socialističeskaja zakonnost. 1958/4. ÜR 1190

11.Finanzrecht

Terent'ev,M.: Einige Fragen der Preisbildung für landwirtschaftliche Erzeugnisse. Nektorye voprosy cenoobrazovanija na sel'skochozjajstvennuju produkcija [dt.] 16 S.
Aus: Voprosy ekonomiki. 1958/3.
[Betr.: UdSSR.] ÜR 1169

12.Strafrecht, Strafprozeß

Anaškin,G.: Einige Fragen der Kodifikation der Strafprozessgesetzgebung der RSFSR. Nekotorye voprosy kodifikacii ugolovno-processual'nogo zakonodatel'stva RSFSR [dt.] 12 S.
Aus: Sovetskaja justicija. 1957/2. ÜR 1083

Andrejew,I.: Einige Bemerkungen über den Inhalt des Artikels 384 Punkt 2 StPO im Lichte der Rechtsprechung des Obersten Gerichts. Kilka uwag o treści art. 384 pkt.2 K.P.K. w swietle orzecznictwa Sadu Najwyzsego. [dt.] 14 S.
Aus: Nowe prawo. 1957/9.
[Betr.: Polen.] ÜP 682

Celinski,W.: Über die Neuregelung der Institution der bedingten Haftentlassung. O nowym uregulowaniu instytucji warunkowego zwolnienia [dt.] 8 S.
Aus: Nowe Prawo. 1957/12.
[Betr.: Polen.] ÜP 623

Cyprian,T.: Bedenken gegen eine zu weitgehende Verwendung von Blanketten bei der Kodifizierung der Wirtschaftsverbrechen. Obawa zbytniej blankietowości w kodyfikcji przestepstw gospodarczych [dt.] 7 S.
Aus: Państwo i prawo. 1957/11.
[Betr.: Polen.] ÜP 621

Durmanov,N.D.: Stadien der Ausführung des Verbrechens nach dem sowjetischen Strafrecht. Stadii soveršenija prestuplenija po sovetskomu ugolovnomu pravu [dt.] 15 S.
Orig.ersch. Moskau: Staatl.Jurist.Verl.1955.
Kap.6. Die Strafbarkeit von Vorbereitung u.Versuch. § 2.Umstände, die vom Gericht bei der Strafzumessung für Vorbereitung u.Versuch berücksichtigt werden. ÜR 1180

Gercenzon,A.: Praktische Fragen der Organisierung der Untersuchung der Kriminalität. Praktičeskie voprosy organizacii izučenija prestupnosti [dt.] 11 S.
Aus: Sovetskaja justicija. 1958/1.
[Betr.: UdSSR.] ÜR 1171

Goljakov,I.: Zum Entwurf des Strafgesetzbuches der RSFSR. K proektu ugolovnogo kodeksa RSFSR [dt.] 10 S.
Aus: Sovetskaja justicija. 1957/2. ÜR 1068

Gol'st, G.: Die Arbeit auf dem Gebiet der Verbrechensverhütung. Rabota po preduprezdeniju prestuplenij [dt.] 10 S.
Aus: Socialističeskaja zakonnost'. 1958/2.
[Betr.: UdSSR.] ÜR 1167

Horváth,T.: Einige strafrechtliche Beziehungen des gegen die Verbrechensbegehung der Konterrevolution geführten Kampfes. Az ellenforradalom bünözése ellen folytatotharc néhány büntetöjogi vonatkozása [dt.] 51 S.
Aus: Jogtudományi közlöny. 1957/4-6.
[Betr.: Ungarn.] ÜUn 214

Kudrjavcev, V.: Die Verbrechensverhütung - eine wichtige Form des Kampfes gegen Überreste des Kapitalismus im Bewusstsein der Menschen. Preduprezdenie prestuplenijvažnaja forma bor'by s perežitkami kapitalizma v soznanii ljudej [dt.] 12 S.
Aus: Sovetskaja justicija. 1958/2.
[Betr.: UdSSR.] ÜR 1183

Ljutov,K.: Nochmals über die Bedeutung der Partei- und Regierungsakte für die Auslegung und Anwendung der Strafrechtsnormen. Ošče za značenieto na partijnite i pravitelstveni aktove za tulkuvaneto i priloženieto na nakazatelno-pravnite normi [dt.] 32 S.
Aus: Socialističesko pravo. 1957/10.
[Betr.: Bulgarien.] ÜB 196

Šljapočnikov,A.: Einige Fragen des Kampfes gegen die Kriminalität. Nektorye voprosy bor'by s prestupnost'ju [dt.] 13 S.
Aus: Sovetskaja justicija. 1957/3.
[Betr.: UdSSR.] ÜR 1072

Šnejder,M.A.: Die Strafzumessung im sowjetischen Strafrecht. Naznačenije nakazanija po sovetskomu ugolovnomu pravu [dt.] 2. 40 S.
Orig.ersch.Moskau: Verl.d.Inst.f.Rechtswiss.an d.Akademie d.Wiss. 1956.
2. Umstände, die die Gesellschaftsgefährlichkeit d.Tat erschweren u.mildern. ÜR 1101

Sowjetisches Strafrecht. Besonderer Teil. Sovetskoe ugolovnoe pravo. Čast osobennaja. Kap.6.Amtsverbrechen. Dolžnostnoe prestuplenie [dt.] § 2-4.
Orig.ersch.: Moskau:Verl.d.Moskauer Univ. 1957.
§ 2.Begriff d.Amtspersom. 11 gez.Bl.
§ 3.Teilnahme an Amtsverbrechen. 2 gez.Bl.
§ 4.Arten d.Amtsverbrechen. 4 gez.Bl. ÜR 1174

Vybiral, B.: Der VII.Kongress der Internationalen Gesellschaft für Strafrecht. VII. sjezd Mezinárodní společnosti pro trestní práve [dt.] 16 S.
Aus: Právník. 1958/2. ÜT 547

13.Kriminalistik,Gerichtliche Medizin, Gerichtspsychiatrie-,psychologie

Keine Eingänge

14.Zivilrecht

Danciu,C.;O.Snak: Der Warenaustausch zwischen Stadt und Land in der gegenwärtigen Etappe. Schimbul de mărfuri între oraş şi sat în etapa actuală [dt.] 21 S.
Aus: Probleme economice. 1957/10.
[Betr.: Rumänien.] ÜRum 92

Eörsi,G.: Zur Diskussion über den neuen Entwurf des ungarischen Bürgerlichen Gesetzbuches. A.polgári törvénykönyv tervezetének vitájához [dt.] 19 S.
Aus: Jogtudományi Közlöny. 1958/1-2. ÜUn 227

Knapp,V.: Lehrbuch des Zivil- und Familienrechts. Učebnice občanského a rodinného prava [dt.] Allgem.Teil. Sachenrecht. Obecná část. Prava věcná [dt.] Bd 1. Kap.VI. Das Zivilrechtsverhältnis. § 1.§5.1. Orig.ersch.: Praha:Orbis 1957. Bd 1. Kap.VI. § 1. Der Begriff des Zivilrechtsverhältnisses. 41 S. § 5.Volksgenossenschaften. 1.Begriff u.Arten der Volksgenossenschaften. 2,3 S. ÜT 553

15.Urheber- und Erfinderrecht

Keine Eingänge

16.Vertragssystem,Vertragsgerichtliches Verfahren

Slezák,J.: Die Arbitrage im neuen System der Organisation und Leitung der Volkswirtschaft. Arbitráž v nové soustavě organisace a řízení národního hospodářství [dt.] 19 S.
Aus: Socialistická zákonnost. 1958/2.
[Betr.: ČSR.] ÜT 557

Visky,K.: Die mit Versuchsherstellung verknüpften rechtlichen Folgen. A kísérleti gyártáshoz fűződő jogi következmények [dt.] 10 S.
Aus: Magyar jog. Jg 4, 1957/3.
[Betr.: Ungarn.] ÜUn 225

17.LPG- Recht,Bodenrecht

Košta,L.: Bericht über die gesamtstaatliche wissenschaftliche Konferenz des Rechts der landwirtschaftlichen Genossenschaften der Slowakischen Akademie der Wissenschaften. Zpráva z celoštátnej vedeckej konferencie rolnickodružstevného peáva SAV [dt.] 12 S.
Aus: Právník. 1958/3. ÜS 125

Košta,L.: Rechtsfragen der Beziehungen zwischen den Maschinen- und Traktorenstationen und den Landwirtschaftlichen Einheitsgenossenschaften auf Grund des typisierten Vertrages. Právne otázky medzi STS a JRD na podklade typovej zmluvy [dt.] 33 S.
Aus: Právnické štúdie. 1958/1.
[Betr.: Slowakei.] ÜS 123

18.Familienrecht

Nenova-Lalova, L.: Gütertrennung oder Gütergemeinschaft in den vermögensrechtlichen Beziehungen der Ehegatten. Razdelnost ili obščnost v imuščestvenite otnošenija meždu supruzi [dt.] 16 S.
Aus: Socialističesko pravo. 1957/10.
[Betr.: Bulgarien.] ÜB 194

19.Zivilprozeß(einschließlich Familienrechtliches Verfahren)

Keine Eingänge

20.Arbeitsrecht(einschließlich Verfahren)

Kakol,K.: Tagung des Komitees für Rechtswissenschaften der Polnischen Akademie der Wissenschaften über die rechtliche Problematik der Arbeitskollektivverträge. Posiedzenie Komitetu Nauk Prawnych PAN w sprawie problematyki prawnej układów zbiorowych pracy [dt.] 7 S.
Aus: Przeglad zagadnień socjalnych. 1958/3. ÜP 678

Konnov,B.;S.Tichomirov: Rechtliche Fragen der Tätigkeit der Gewerkschaften in Auswertung der Beschlüsse des Dezember-Plenums des ZK der KPdSU. Pravovye voprosy dejatel'nosti profsojuzov v svete rešenij dekabr'skogo plenuma CK KPSS [dt.] 9 S.
Aus: Sovetskaja justicija. 1958/3. ÜR 1181

Witz,K.: Der II.Internationale Kongress für Arbeitsrecht. K II.mezinárodním sjezdu pro pracovní právo [dt.] 5 S.
Aus: Právník. 1958/4. ÜT 552

Witz,K.: Die Verantwortlichkeit des Arbeitgebers bei Berufskrankheit und Arbeitsunfall. Odpovednost zamestnavatele pro pracovním úraze z povolání [dt.] 40 S.
Aus: Právník. 1958/2.
[Betr.: ČSR.] ÜT 549

21.Internationales Privatrecht

Keine Eingänge

22.Sonstiges

Šebanov,A.: Die Ausbildung der Juristen muss näher an die Praxis herangebracht werden. Podgotovku juristov - bliže praktike [dt.] 13 S.
Aus: Sovetskaja justicija. 1957/8.
[Betr.: UdSSR.] ÜR 1172

ALPHABETISCHES SACHGRUPPENVERZEICHNIS

GUNTHER KOHLMEY

Entwicklungsprobleme des sozialistischen Weltwirtschaftssystems

Ein Diskussionsbeitrag

(Schriften des Instituts für Wirtschaftswissenschaften bei der Deutschen Akademie der Wissenschaften zu Berlin, Heft 7)

1958. 88 Seiten — 14 Tabellen — gr. 8° — DM 2,50

Inhalt: Vorwort — Verzeichnis der Tabellen — Vom humanistischen Menschheitsideal und der klassischen Freihandelslehre zur marxistischen Theorie der sozialistischen Weltwirtschaft — Der Übergang von der kapitalistischen zur sozialistischen Weltwirtschaft — Die gegenwärtige ökonomische Struktur des sozialistischen Weltwirtschaftssystems und ihre Entwicklungswidersprüche.

FRITZ BEHRENS

Einige Fragen der ökonomischen Entwicklung im Lichte der Großen Sozialistischen Oktoberrevolution

(Vorträge und Schriften der Deutschen Akademie der Wissenschaften zu Berlin, Heft 63)

1958. Etwa 21 Seiten — 8° — etwa DM 1,30

Bestellungen durch eine Buchhandlung erbeten

A K A D E M I E - V E R L A G · B E R L I N

FSC
www.fsc.org
MIX
Papier | Fördert
gute Waldnutzung
FSC® C083411

Kolibri 360 GmbH
Ferdinand-Jühlke-Straße 7
99095 Erfurt, Deutschland
produktsicherheit@kolibri360.de